Classroom
managem

学級経営
すきまスキル

70

小学校 高学年
4〜6年

堀　裕嗣　編著
大野　睦仁

明治図書

まえがき

こんにちは。堀裕嗣です。

このたび,「学級経営すきまスキル」と称して,小学校低学年版・高学年版・中学校版を編集させていただくことになりました。みなさまがお手にお取りの本書はその1冊ということになります。

巷には多くの学級経営の提案がはびこっております。こうすれば子どもたちを統率できる。こうすれば子どもたちのやる気が出る。こうすれば子どもたちが自主的・対話的に学ぶことができる。どれも教育界にとって大事な提案ではあります。しかし,一般の教師,特に若い先生が学級経営で躓いたり,保護者からのクレームをいただくことになったりということの要因は,多くの場合,集団統率力がなかったり,子どものやる気を起こせなかったり,アクティブ・ラーニングを機能させられなかったりというところにあるのではありません。もっと小さな,細かな,些末なことを原因として起こることが多いように感じています。そう。ベテラン教師であれば誰でも知っているような些末な技術を知らないことによって……。

本書はそうした学級経営の「すきまスキル」を集めたものです。遅刻しがちな子どもにどう指導するかとか,清掃指導でほうきのかけ方をどう指導するかとか,教室にはどんな文房具を揃えておけば良いのかとか,ほんとうに些末な技術です。しかしそれは,些末であるが故に誰もが知っ

ているべきことであり，知っていなければ非常識と言われかねない技術でもあります。それをまるごと紹介してしまおう。それが本書の基本コンセプトです。

　ただし，私どもも少しだけ考えました。時代はアクティブ・ラーニング時代。そして，インクルーシブ時代です。些末な指導における些末な技術だとしても，そこには教師主導で子どもたちを効率よく指導していくだけではなく，子どもたちがより学びやすく，子どもたちがより学校生活を過ごしやすくする視点も必要なのではないか。そう考えたわけです。

　本書はこうした視点に立って，学級経営の「すきま」に必要な些末なスキルについて，効率的に子どもたちを指導するタイプの技術と，子どものやる気を高めたり子どもたちに過ごしやすさを提供したりといった技術とを分けて考えることにしました。それが，本書で言うところの「ハード」と「ソフト」です。

　「ハード」は子どもたちを指導すること，「ソフト」は子どもたちを援助することと捉えていただいても構いませんし，「ハード」は子どもたちを効率的に動かすための技術，「ソフト」は子どもたちに寄り添いながら見守っていく技術と捉えていただいても構いません。いずれにしても，この２視点が必要なのだということが，私たちの提案なのだと捉えていただければ幸いです。

　本書が読者のみなさまの日々の学級経営に少しでも役立つなら，それは望外の幸甚です。　　　　　　　　堀　　裕嗣

contents

まえがき　2

第1章 基礎・基本を身につける！ 日常スキル30

【本書の構成】

本書はそれぞれのテーマについて，

ハード編：子どもたちを指導すること，子どもたちを効率的に動かすための技術

ソフト編：子どもたちを援助すること，子どもたちに寄り添いながら見守っていく技術

という形で，2つのポイントとなる視点から分けてまとめています。

あわせて読んでいただき，ご活用いただければ幸いです。

1 ベル着席／ハード編 ……… 8
2 ベル着席／ソフト編 ……… 10
3 遅刻／ハード編 ……… 12
4 遅刻／ソフト編 ……… 14
5 朝読書・朝自習／ハード編 …16
6 朝読書・朝自習／ソフト編 …18
7 朝の挨拶・返事／ハード編 …20
8 朝の挨拶・返事／ソフト編 …22
9 プリント配付／ハード編 …… 24
10 プリント配付／ソフト編 …… 26
11 提出物回収／ハード編 ……… 28
12 提出物回収／ソフト編 ……… 30
13 連絡事項／ハード編 ……… 32
14 連絡事項／ソフト編 ……… 34
15 忘れ物／ハード編 ……… 36

contents

16 忘れ物／ソフト編 …………… 38
17 連絡なし欠席／ハード編 ……… 40
18 連絡なし欠席／ソフト編 ……… 42
19 学級日誌／ハード編 …………… 44
20 学級日誌／ソフト編 …………… 46
21 朝学活・帰り学活／ハード編 … 48
22 朝学活・帰り学活／ソフト編 … 50
23 教科連絡／ハード編 …………… 52
24 教科連絡／ソフト編 …………… 54
25 連絡メモ／ハード編 …………… 56
26 連絡メモ／ソフト編 …………… 58
27 黒板メッセージ／ハード編 …… 60
28 黒板メッセージ／ソフト編 …… 62
29 学級通信／ハード編 …………… 64
30 学級通信／ソフト編 …………… 66

第2章 学級がうまくまわる！ 係活動・当番スキル30

1 学級委員選出／ハード編　70
2 学級委員選出／ソフト編 ……… 72
3 係組織／ハード編 ……………… 74
4 係組織／ソフト編 ……………… 76
5 学級目標／ハード編 …………… 78
6 学級目標／ソフト編 …………… 80
7 日直／ハード編 ………………… 82
8 日直／ソフト編 ………………… 84
9 黒板の消し方／ハード編 ……… 86
10 黒板の消し方／ソフト編 ……… 88
11 給食当番／ハード編 …………… 90
12 給食当番／ソフト編 …………… 92
13 給食準備／ハード編 …………… 94

14	給食準備／ソフト編	96
15	おかわり／ハード編	98
16	おかわり／ソフト編	100
17	後片付け／ハード編	102
18	後片付け／ソフト編	104
19	給食密売／ハード編	106
20	給食密売／ソフト編	108
21	立ち食い／ハード編	110
22	立ち食い／ソフト編	112
23	清掃当番／ハード編	114
24	清掃当番／ソフト編	116
25	ほうきの使い方／ハード編	118
26	ほうきの使い方／ソフト編	120
27	雑巾がけ／ハード編	122
28	雑巾がけ／ソフト編	124
29	サボる子／ハード編	126
30	サボる子／ソフト編	128

第3章 安心感と機能性を高める！ 教室環境スキル10

1	教室に置く文房具／ハード編	132
2	教室に置く文房具／ソフト編	134
3	掲示物／ハード編	136
4	掲示物／ソフト編	138
5	棚の使い方／ハード編	140
6	棚の使い方／ソフト編	142
7	学級文庫／ハード編	144
8	学級文庫／ソフト編	146
9	風邪流行対策／ハード編	148
10	風邪流行対策／ソフト編	150

あとがき　152

基礎・基本を身につける！
日常スキル30

第1章●基礎・基本を身につける！ 日常スキル30

1 ベル着席

　ベル着席は，学習時間の開始を音で知らせ，スムーズに授業を開始できるよう，休み時間の間にバラバラだった子どもたちの時間を揃えるための合図です。毎日指導の場面があるのにもかかわらず，なかなか定着しません。

自分をコントロールする力をつける

　交友関係や遊び方が広がる高学年。楽しい休み時間はできるだけ時間いっぱいに遊びたいはずです。また，専科の授業が入り，担任ではない先生の授業に対してベル着席のルールを軽視してしまうこともあります。楽しかった休み時間を切り上げ，チャイムと共に素早く次の行動に移ることは，自分自身をコントロールすることです。時間に対して敏感になるまで指導を積み重ねます。

傾向と対策

1 意義を伝え，授業の開始と終了を揃える

　一年間で学習する内容や時間は決められています。時間を守らないと，集団全員が次の行動に移れないことが続き，トータルすると大きな実害を及ぼします。「時間が揃えられないということは，相手からの信頼を奪うことにつながる」と児童に伝えます。

第1章 基礎・基本を身につける！ 日常スキル30

また，一日の中で休み時間も確保しながら授業内容を達成するためには，先生も児童もお互いに授業開始時間を揃えることを固く約束し合います。

2 特別教室での授業開始を揃える

高学年になると専科の授業が入る場合もあります。授業を行う特別教室の場所，授業に必要な持ち物，ベルが鳴った時点で児童がどのような状態でいるべきかなど，4月の時点で専科の先生とベル着席の指導についての共通理解を図ります。中学校は教科担任制で授業が進められることが多いです。小学生のうちから，「いつでも・どこでも・どの先生に対しても」授業開始を揃えさせます。

3 楽しい授業開始プログラム

ベルの合図と共に始まる授業が毎日続く。さらにその時間にはみんなで取り組む楽しさや，居心地のよさがある。そのような授業開始プログラムを各教科で用意しておき，時間通りに着席したくなるような状況をつくり出します。

国語：さんずいの漢字集め大会，ペアで漢字学習

算数：計算5問テスト，計算リレー

社会：都道府県ご当地キャラ付きフラッシュカード

理科：実験器具クイズ

音楽：リコーダー既習曲の演奏，リクエスト曲を流す

体育：なわとびチャレンジ

(参考：中村健一編著『子どもも先生も思いっきり笑える爆笑授業の作り方72』黎明書房，2010)　　　　　　　　　　　　　　（中原　茜）

第1章●基礎・基本を身につける! 日常スキル30

ベル着席

ベル着席は,規律維持のために児童の行動規制をするものです。「守らなきゃ」という義務感だけでは,毎日指導する側もされる側も心が疲れてしまいます。自分から「守ろう」と前向きに思うような教室の雰囲気をつくります。

当事者意識がない教室

ベル着席を毎日守ったとしても,授業にメリハリがなかったり,誰かと協力する場面がなかったりすると,「授業は先生の話を聞きに行くもの」「自分がいなくても授業は進むし,遅れていっても損しない」と感じてしまいます。「自分は授業に必要なのだ。自分たちの手で学習を進めよう」という主体性がなければ,自分から「守ろう」という意識を育てられません。

傾向と対策

1 自分たちで授業開始プログラムをつくる

教師が用意した授業開始プログラムの中にも,児童だけで進めることができるものがいくつかあります。様々なプログラムを十分経験させた後,「自分たちだけで授業開始5分間を進められるものはないだろうか」と話題を出し,考える時間をつくります。

第1章 基礎・基本を身につける！ 日常スキル30

そこで出されたプログラムは，時期を決めて実施し，改良を加えながら「授業を自分たちで進めることができる」という当事者意識を高めていきます。下の写真は実際に6年生が計画し実行したものです。上の2つは教師がベル着席を意識して取り組んでいたプログラムですが，下の2つは日常の授業で取り組んでいたことでした。このように，授業の開始だけではなく45分間の授業を充実させることで，より当事者意識をもたせることができます。

2 それでも揃えられない時のフォロー

様々な指導を積み重ねていても，時間や気持ちの切り替えが苦手な子がいるかもしれません。そういう子は遊んでいる時間が長い「中休み・昼休み」の後の授業時間に遅れてしまう場合が多いでしょう。頻繁に続くようであれば，切り替えが苦手な子と共に遊び，予鈴後の行動を一週間観察してみます。その時に声をかけてみたり，対話する時間をとって切り替えるためにできそうなことを考えたりします。先生と一対一で話すことで「あなたはクラスにとって必要な存在だよ」ということが伝わり，子どもが当事者意識をもつことができます。　　　　　　　　　　（中原　　茜）

第1章●基礎・基本を身につける! 日常スキル30

3 遅刻

ハード編

遅刻には,突発的なものと常習的なものがあります。細部の対応に多少の違いはありますが,「いつ学校に着く予定か」を迅速に把握することがどちらの場合も大事です。

遅刻の定義

始業時刻になっても登校していなければ,遅刻として対応します。「もう少ししたら来るだろう」「どうせ今日も寝坊でしょう」と悠長に構えていてはいけません。

傾向と対策

1 毎回必ず,すぐに対応する

連絡の目的は,子どもの安否を確認するためです。決して保護者や本人を戒めるためではありません。事故や事件に巻き込まれていないか,学校に足が向かずどこかを彷徨ってはいないか,万が一にもそんなことがないことを確認するために連絡するのです。

こうした対応は,保護者に「先生はうちの子を気にかけてくれている」「先生はきちんと対応してくれる」という安心感を与えます。だからこそ,「毎回必ず」「迅速に」連絡することが重要なのです。

第1章 基礎・基本を身につける！ 日常スキル30

遅刻／ハード編

2 保護者と直接確認する

一緒に登校している子や近所の子，あるいは兄弟が遅刻の理由を知っていることがあります。

「遅れてくるって言っていた？」「どうして遅刻なの？」と訊いてみるのもよいでしょう。

その結果，体調不良や寝坊などで遅れることがわかることがあります。しかしこれで安心せずに，すぐに保護者に電話をしましょう。子どもの情報が間違っていることもありますので，直接自分の目（耳）で状況を確認することが大事です。

【電話連絡時の対応例】

・○○さん（友だちや兄弟）から，今日は少し遅れそうだと聞きましたが，念のため確認させてください。
・体調不良の他に，何か心配なことはありませんか。
・何時頃おうちを出られてうですか。
・おうちを出たのは，何時頃ですか。
・慌てないでゆっくり来るように伝えてください。
・（寝坊の場合）急がなくても大丈夫です。朝ごはんを食べてから登校させてください。

---

3 職員室に伝える

「○年○組○○さん，遅刻です。○時頃登校予定です」と，職員室の先生方に一声掛けておきます。状況や事情を話し，適切な対応をお願いしておきます。

（宇野　弘恵）

第1章●基礎・基本を身につける！ 日常スキル30

4 遅刻

ソフト編

「今日もまた遅刻してしまった。みんなにどう思われるかな……」「そんなことで遅刻したの？ホントはサボりでしょ？って思われないかな……」「一人だけ遅れて教室に入るのって，なんか嫌だな……」あなたに遅刻した経験が一度でもあるならば，こういった心情を理解することができるでしょう。遅刻した子が不安と心細さを感じながら登校してくることを心に留めておけば，自ずと子どもの心に寄り添った指導をすることができるのです。

周りへの配慮

高学年になると，遅刻者へ厳しい視線が向けられることがあります。それは，遅刻が社会では好ましくないものとされているからであり，「だらしない」「呑気」といったマイナスイメージで語られることを知っているからです。

傾向と対策

1 遅刻者を馬鹿にさせない

遅刻はあくまでも個人の問題です。「あいつ，また遅刻？」「どうせ寝坊でしょ？」などと，遅刻者が虐げられることのないよう指導しなくてはなりません。

そのためには，教師が遅刻者を絶対に責めたり蔑んだり

しないことです。面倒くさそうに指導したり，笑いのネタにしたりすることもタブーです。そういった教師の姿勢が，遅刻者を馬鹿にしてもいい，からかってもいいという雰囲気をつくり出すことを肝に銘じなくてはなりません。

2 心細さに寄り添った声掛けをする

シーンとした教室に一人遅れて入室する時，多少なりとも気まずさを感じませんか。みんなの視線がざっと自分に集まるのを想像すると，居心地の悪さを感じませんか。そんな不安をもちながら，遅刻者は入口の前に立ちます。この時，教師はどんな言葉掛けをすればよいのでしょうか。

その子が既に周りから馬鹿にされているようであれば，励まし認める言葉をかけます。

「よく来たね。おはよう」「昨日より○分早いね」
などと，笑顔で肯定的な言葉掛けをします。

その子が照れ屋でナイーブであれば，敢えて何も言いません。余計に注目を浴び，気後れさせてしまうからです。

「大丈夫？」「何かあったら言ってね」
と，そばに行ってそうっと声をかけます。

3 意識が芽生えるのを待つ

こうした対応を続けていくと，保護者や本人の意識が変わることがあります。「待っていてくれる人がいる」「自分の登校を喜んでくれる人がいる」と実感した時に，「できるだけ遅れないで行こう」という意識が芽生えるのではないでしょうか。

（宇野　弘恵）

5 朝読書・朝自習 ハード編

第1章 ●基礎・基本を身につける！ 日常スキル30

　朝読書・朝自習には，授業に臨む態勢を整えるねらいがあります。その日の学習に向かうためのウォーミングアップとして位置づけられます。

自主的かつ効率的に活動するための工夫

　学校事情により，その時間帯に教師が教室につく・つくことができないにかかわらず，スムーズに活動が展開できるような環境づくりが重要です。

傾向と対策

1 必要なものを確認する

　朝読書には「一人1冊の本」が必要不可欠です。個人で用意させますが，すぐに準備できない子には，学級文庫・図書室・市町村の図書館などを利用するよう声をかけます。

　朝自習には「学習課題」が必要です。プリントなのかドリルなのか，短作文なのか辞書引きなのか，明示します。一週間のメニューを決めて，ルーティン化させます。プリントについては解答も用意し，答え合わせまでを時間内に終わらせることを確認します。

8:20～8:35 ウィルスキルタイム				
月	火	水	木	金
朝読書	朝学習	辞書引き	朝学習	難問チャレンジ

第1章 基礎・基本を身につける！ 日常スキル30

朝読書・朝自習／ハード編

2 基本的な流れを確認する

①学習形態

一人学びが基本ですが，困った時にはグループメンバーに相談してもよいのか否か，決めておくことが大切です。

②早く終えた場合

与えられた課題の後は，2枚目のプリントやドリルに進むのか，お助けマンに徹するのか，読書に移ってもいいの

安価なラックを重ねて使用等

か，明らかにしておきます。写真のような学習プリントコーナーを用意し，どんどん課題プリントに取り組ませることも効果的です。自分で級を進めていく検定方式をとれば，さらに時間を有効に使うことができます。

3 自習時における約束事を確認する

登校が遅れた場合・体調が悪くなった場合・トイレに行きたくなった場合等にどのように対応するのか，学級や学年の約束事として押さえておくことが肝心です。

また，この時間帯は"全校を静寂な空間にする"ことで今日一日の学習への集中力を高めていくのだということに気づかせます。自分たちの判断と行動が，それらを創り出すのだという意識をもたせることが大切です。

（鹿野　哲子）

第1章●基礎・基本を身につける！ 日常スキル30

6 朝読書・朝自習 ソフト編

機能的なシステムづくりとともに，一人一人に寄り添う視点をもち，指導を重ねることで，この時間帯が子どもたち自身にとって更に有意義なものになります。

スムーズに活動できない理由

読書や学習に向かうことができない場合の理由として，次のようなことが考えられます。
(1) すぐに諦めたり飽きてしまったりしている。
(2) 意欲がもてない状況を抱えている。

傾向と対策

1 困り感に寄り添い励ます

「読む本がない」という子に対しては，少しでも興味がもてそうなものを図書室や移動図書館で一緒に選びます。途中まで一緒に読んだり，その本に関するクイズを出題したりします。また，学級文庫を充実させることも大切です。

「解けない」とすぐに諦めてしまう子に対しては，課題を終えた友だちにヒントを聞いてもいいという"ヒントOKルール"を設定します。ただし，「課題を終えた子＝お助けマン」が出るまでは，自分の力で考え続けるよう励まします。

第1章 基礎・基本を身につける! 日常スキル30

② バリエーションをつける

「飽きてしまう」という子に関しては,学習課題のレベルが物足りないのか,あるいは,理解面で要配慮なのかを見極める必要があります。その上で,前者への対策としては難問チャレンジデーを設定し,応用問題や中学受験問題に取り組ませます。後者については,先述の"ヒントOKルール"の他に,「一定の時間を過ぎたら"教え合いタイム"に入って解決し合ってよい」等,単調な学びのまま時間が過ぎることのないように工夫します。軌道にのれば,担当の子どもによる学習クイズや読み聞かせデーを設定し,全員で楽しみます。

③ 朝からとばさなくてもよい

「やる気が出ない」という子は,何らかの事情で睡眠時間が不足したり朝食が抜けていたりして,目覚めのスイッチがまだ入っていない場合が考えられます。そんな子には,1時間目の授業に合わせることができればよいことや,"静寂を創る"一員としての役割をしっかり果たすよう声をかけます。20問中10問のハーフチャレンジなど,学習課題のハードルを下げることもあります。

(鹿野 哲子)

第1章●基礎・基本を身につける！ 日常スキル30

朝の挨拶・返事

　子どもたちが登校してきて，教室でまず行われるのが朝の挨拶です。挨拶は，人間関係を築くために必要なことであり，呼名や健康観察時の返事とともに，一日のスタートを気持ちよいものにするためのきっかけです。

挨拶や返事は，指導が必要である

　挨拶や返事は毎日行われるので，惰性で続けてしまいがちです。その結果，だれた状態になり，指導が必要になってきます。気持ちのよい挨拶と返事を継続させていくためには，その価値を粘り強く伝え続けること。そして，定期的に振り返っていくことが大切です。

傾向と対策

1 「あいさつ・返事」ポイントを作成する

　高学年であっても，挨拶や返事の価値は，繰り返し伝えたり確認したりします。そこで，子どもたちの意見も取り入れながら，「あいさつ・返事」ポイントを作成します。教室に掲示し，定期的に振り返ります。

　　　　「あいさつ・返事」ポイント（例）
　①あいさつ・返事　人と人をつなげる接着剤だ！
　②あいさつ・返事　社会じゃできて　当たり前

③相手の顔　見てこそ伝わる　あいさつ・返事

④相手より　先に言えたらステキだな　朝のあいさつ

⑤友達　先生　来校者　誰にでもできてこそ本物だ！

2 定期的にチェックし，振り返る

　定期的に子どもたちの挨拶や返事の状態をチェックします。その際に留意することが2つあります。

（1）具体的な評価をする

　「だんだんよくなってきた（悪くなってきた）」ではなく，「前回は，気持ちのよい挨拶をしている人が○人だったのに，今回は○人でした」というように，数値などを入れて具体的な評価をします。

（2）子どもたちからの評価と比較する

　挨拶や返事には，「する／される」という関係性があります。しているつもりでも伝わっていなかったことは，よくあることです。そこで，先生からの評価だけではなく，子どもたち自身の評価もしてもらい，比べることで次の課題を共有化します。

3 スモールステップで取り組む

　定期的なチェックなどで見えた課題は，スモールステップにして取り組みます。一人一人の課題であれば，「小さい声でもいいから挨拶・返事をする」→「相手の顔を見てする」→「元気よくできる」→「相手より先にできる」というようなスモールステップを設定し，達成できたという経験を積み重ねていきます。

（大野　睦仁）

第1章●基礎・基本を身につける！ 日常スキル30

8 朝の挨拶・返事 ソフト編

　朝の挨拶や返事には，子どもたちのその日の状態や，抱えている状況が表れます。それらを理解した上で，指導しなければなりません。子どもたちに寄り添いながらも，挨拶と返事の価値を共有化していけるようにします。

高学年らしさを理解する

　高学年になると，挨拶や返事をしなくなる子が増えていきます。挨拶や返事をすることの大切さはわかっていても，低学年と比べて，生活のリズムが崩れがちだったり，照れがあったりして，元気な挨拶や返事ができない場合があります。このような高学年が抱える背景を理解した上で，かかわっていきます。

傾向と対策

1　あいさつ運動〜自分のことを客観的に振り返る〜

　グループごとに「あいさつ運動」に取り組みます。担当グループは，少し早めに登校し，教室にやって来た友達に「おはよう！」と声をかけていきます。

　この取組で大事にしたいことは，自分が「おはよう」と声をかけた友達の様子と，自分のことを重ねて，挨拶を振り返ることです。「挨拶って，返されるとうれしいんだな。

第1章 基礎・基本を身につける！ 日常スキル30

自分はちゃんと返していたかな」「挨拶を返してくれなかったけど，○○くんは調子が悪いのかな。そう言えば，自分にもそういう時があるな」と思うことで，挨拶に対する見方が広がります。

2 子どもとつながるチャンネル～できない理由を探る～

挨拶や返事は，子どもとつながるチャンネルでもあります。いつものような挨拶や返事がない時は，声をかけるようにします。

ただし，大勢の前で「大丈夫？どうした？」と聞かないようにします。友達には知られたくないこともあるからです。個別にさりげなく様子を聞きます。「寝る時間が遅かったの？」「何か家であったかな？」答えによっては，すぐに対応します。挨拶や返事ができていないことよりも，なぜできていないのかと考えることを重視します。

3 おもしろあいさつDAY～ハードルを下げる～

挨拶するのが照れくさくなる高学年でも意欲的に挨拶ができるように，「おもしろあいさつDAY」を設定します。次のようなバージョンを用意しておき，その中から，選んで挨拶をするようにします。

＜おじぎ／ハイタッチ／拳と拳／目とうなずきで無言あいさつ／英語であいさつ／こそこそあいさつ＞

返事をする場面でも，「イエス！」「ウィー！」というように言い方を変えたり，親指を上げて返事をしたりします。楽しい雰囲気の中で，挨拶や返事に対するハードルを下げていくのです。

（大野　睦仁）

9 プリント配付

第1章●基礎・基本を身につける！ 日常スキル30

学校・学年・学級・その他外部の連絡プリントなど，日々子どもたちにはたくさんのプリントが配られます。そのプリントをすべて配布したはずが，保護者から届いていないと連絡が来ることがあります。

プリントの確実な配布

プリントは，その種類を問わず，確実に保護者に届くようにしなければなりません。高学年であっても，配布されたプリントを覚えておくことは難しいことです。確実に手元に配布し，保護者に届けるためには工夫が必要です。

傾向と対策

1 ファイルを用意する

プリントの配布にはA4のクリアファイル（以下，ファイル）を用意します。ファイルを活用することでの効果が2つあります。1つ目は，プリントを整理することができます。ファイルでプリントを整理する方法を定着させることで，机の中に丸まったプリントが入っている状態を防ぐことができます。2つ目は，プリントが保護者に届いていることを確認することができます。プリントのやりとりの方法を固定することで，配布する前に，気になる子どもの

ファイルの中身を確認することができます。そうすることで、プリントが届いているかも確認することができます。

ファイルは、統一したものを用意してもいいですし、子どもが好きなものを用意してもらっても構いません。ただし、見やすい場所に名前を忘れずに書いてもらいます。

2 1枚ずつ確認する

たくさんプリントがある時ほど、1枚のプリントが確実に子どもたちの手元にあるかの確認が必要です。すべて配布した後、1枚ずつタイトルを読み上げて確認、ファイルにはさむ。この流れを繰り返します。こうすることで、配布忘れを防ぐことができ、結果的に短時間で終えることができます。高学年でもこうしたことの積み重ねが大切です。

3 ファイルに付箋をつける

特に重要なプリントがある時は、ファイルに付箋をつけて、重要なプリントの枚数や、提出期限などをメモします。その際の付箋は、全面にのりがついているロールタイプの付箋を使います。テープのように手で切ることができるので先生が配布するのも簡単です。

4 保護者への連絡を忘れない

家の中で、毎日のプリントを置く場所を固定してもらえるように声をかけます。また、通信で毎日ファイルの中を確かめてもらえるように声をかけます。しかし、丁寧に配布しても届かない場合があります。配慮が必要な子どもの保護者には電話連絡をします。

(木下　尊徳)

第1章●基礎・基本を身につける！ 日常スキル30

プリント配付

プリントを配布したけれども，その内容が伝わっていないことがあります。それを防ぐため，子どもたちに配布したプリントを少し加工してもらいます。

プリントの種類

配布する際に加工が必要なプリントは2種類です。

提出が必要なプリントと，準備が必要なプリントです。前者のプリントは配布した内容が保護者に伝わらなければなりません。後者は，子どもと保護者両方に伝わらなければなりません。

傾向と対策

プリントを加工する

（1）提出が必要なプリントの加工

提出が必要なプリントの場合，提出期限が保護者に伝わるようにしなければなりません。そのため，提出期限をマーカーで線を引いたり，赤ペンで囲んだりするなど，重要だということが一目でわかるようにします。

（2）準備が必要なプリントの加工

絵の具セットや分度器，段ボールなど準備が必要なプリントの場合，子どもと保護者両方に伝わるようにしなけれ

ばなりません。そのために,マーカーや赤ペンで囲むだけではなく,全員で音読するなど子どもたちが自ら意識できる工夫が必要です。

2 プリントを配布する順番

プリントを配布する際は,優先順位をつけて配布します。聞き取る内容が多いと,後半になるほど印象が薄れるためです。加工が必要なプリントから配り,最後は配布するだけのプリントで終われるように配布します。

3 プリントをストックする

学級にプリントケースを用意します。プリントは通常,数枚多く学級に配布されます。その中から1枚だけケースに入れておきます。そうすることで,紛失した場合や未提出の場合に印刷して再配布することができます。

4 保護者への連絡

高学年とはいえ,自らが聞いたプリントに関する内容をすべて伝えることは難しいことです。配慮が必要な子どもの保護者には忘れずに連絡をします。

(木下　尊徳)

第1章●基礎・基本を身につける! 日常スキル30

11 提出物回収

学校には配布物が多くあります。子どもたちが帰った後に宿題や提出物のプリントの山を見て名簿にチェックするとなると、その時になって忘れた児童を見つけても適切な指導がしにくくなります。

未提出者の把握を早めに済ませる

児童が提出物を忘れたことに気付いた時、「しまった。持ってこなきゃ」と思っています。そのタイミングで指導をするためにも、提出状況の把握をできるだけ早めに済ませます。また、おたよりをもらってファイルへ入れる…ということを機械的に行っているだけでは、締め切り日に対しての意識を高めることができません。

傾向と対策

1 回収方法

教師の指示で回収する方法があります。朝の会で「家庭調査票を持ってきた人は前の机に提出しましょう」と指示します。持ってきた児童は所定の場所へ出し、教師は名簿にチェックを入れます。その間、忘れた児童にとって空白の時間にならないように、連絡帳やメモ帳に忘れてきた提出物の名前と締め切りを書かせます。

第1章 基礎・基本を身につける！ 日常スキル30

また，写真のようなコーナーをつくり，登校から朝の会の間に回収する方法もあります。名簿も近くに置いておき，児童がチェックを入れます。未提出者が把握できたら締め切りの前日に家庭に連絡をします。最後に，保護者へ回収完了と協力いただいたことのお礼を学級通信などで伝えます。

2 提出物に対しての意識づけ

ランドセルの奥底に締め切りの過ぎた提出物が蛇腹折りになって出てきた…というようなことはありませんか。「こんなおたよりもらったかな？」と児童が思わないように，提出物（おたより）に対しての意識づけをさせます。

おたよりを配布した後，1分程度で教師がおたよりの読み聞かせをします。すべてを読むのではなく，「このおたよりは何を知らせているのか」「自分の学校生活にどのように関わっているのか」「締め切り日はいつなのか」等の大事なポイントを読みます。最初は時間がかかりますが，これを積み重ねていくと，配布されたと同時に自然とおたよりに目を通すようになり，大事なポイントをつかんだりチェックしたりする児童が増えていきます。

（中原　茜）

第1章●基礎・基本を身につける！ 日常スキル30

提出物回収

すべての提出物を担任が回収，隅々までチェックする必要はありません。児童同士で締め切りを意識したり，声をかけあったり，回収したりできる提出物もあります。

提出物の種類

提出物を以下のように分類します。
①保護者の記入が伴うもの
②児童のノートやワークシートなどの学習記録

①は，ハード編で述べたような方法で回収します。②は，当事者が児童ですので，保護者の方々が協力してくれるものではありません。児童自身の自己管理力が必要になります。先生に指示された内容通りに取り組めていること，締め切りを守って提出することの２点が大切です。

傾向と対策

1 いつでも確認できる場の設定

学級の当番活動の中に「連絡係」を入れます。帰りの会で「明日は算数のまとめノートの締め切りです」と伝え，他の子どもたちはメモをします。メモに記入漏れがないよう時間割黒板の下に連絡コーナーをつ

第1章 基礎・基本を身につける！ 日常スキル30

くり，それを見ることで，児童同士で確認できるような場を整えます。

2 教科リーダー

授業が終わってもすぐに回収せず，翌日以降に締め切りを設定する場合や，複数のノートを一日でチェックする場合は，未提出者の把握を事前に子どもたち同士でさせます。

学習班が４人ずつの学級だとすると，国語・算数・社会・理科の教科リーダーをつくり，学習中の話し合いを進めたり，その教科の提出物を回収したりします。

一年間で必ず全員がリーダーを担当できるようにします。集める側の役割を経験することで，締め切りを守ることや，提出することに対しての意識を高めます。

４月当初は，回収方法や手順を書いた紙を教室に貼っておきます。教科リーダーは，その紙を見ながら提出物の回収や，締め切りの声かけができるようにしていきます。

未提出の児童には，教科リーダーが「先生に報告しておいてね」と声をかける程度にし，教科リーダーが必要以上に責めないようにします。このようなことを積み重ねながら，児童同士で自己管理力を育てていきます。

（中原　茜）

第1章●基礎・基本を身につける！ 日常スキル30

連絡事項

ハード編

　子どもに伝えなければならない連絡事項は多岐にわたります。時間割の変更や持ち物，移動場所など，聞き逃すと授業をスムーズに受けられなくなるものから，生活上の諸注意や児童会活動など，間違えると他人に迷惑をかけてしまうものまで，種類も内容も複雑になるのが高学年の特徴です。

連絡事項の種類

　連絡は大きく分けて2つです。全員に該当する連絡事項と，必要な子どものみが聞き取る必要のある連絡事項です。前者は子どもの学習・生活を安定させるための基本的な内容であることが多く，後者は係や当番，委員会活動など発展的・主体的な活動に関わるものが多くなります。

傾向と対策

1 「ナンバリング・ラベリング」で話す

　いくつの連絡事項があるのか通し番号をつけるようにして話すのが「ナンバリング」です。また，これから伝える内容の大体を一言で表すのが「ラベリング」です。ナンバリングとラベリングを意識するだけで格段に聞きやすくなります。子どもが聞き落とさないように内容を整理してか

ら話すことを心がけましょう。さらに,ジェスチャーを使って聞きやすくするということも考えられます。

この「ラベリング」のときに,「全員聞きます」「生活委員会の人への連絡です」と連絡の対象者を予告することで,「選んで聞く」ことが可能になります。

2 質問は最後に受け付ける

自分に連絡された内容に不明な点があると子どもは不安になります。自分の学級以外での活動が多くなる高学年ならなおさらです。ですが,「訊きたいときに訊く」という自己中心的な態度を許していては情報が錯綜し,かえって混乱を招きます。「質問は最後」というルールを徹底し,連絡が終わる前の質問には答えません。そして,すべての連絡が終わった後に挙手させるようにします。「お待たせしました。質問のある人はどうぞ」とフォローすることも忘れずに。

（藤原　友和）

第1章●基礎・基本を身につける！ 日常スキル30

連絡事項

子どもが教師からの連絡を聞いて，判断し，行動する。当たり前のことですが，案外苦手としている子も多いのが事実です。音声情報だけではそもそも連絡した内容を受け取ることが苦手という子もいますし，記憶力が弱かったりメモの技能が育っていなかったりという場合もあります。

連絡事項が伝わらない理由

「聞いて―判断し―行動する」というプロセスで捉えると，それぞれのどの段階でつまずいているのか場合に分けて考えることができます。聞く段階，判断する段階，行動する段階。それぞれのどこかにつまずきがあります。

傾向と対策

1 聞き方の構えを指導する

（1）自分に該当する連絡事項のとき

記憶力に弱さがあるという場合は，すべての連絡事項を同じ集中力で聞いていては頭の容量がすぐにいっぱいになってしまいます。ラベリングを聞いて，「自分に該当する」と判断したものにだけ意識を集中するように指導します。長い場合はメモも取れるように練習します。

第1章 基礎・基本を身につける！ 日常スキル30

（2）自分に該当しない連絡事項のとき

　基本的には「聞かなくてよい」のですが，その代わりに「その連絡事項が必要な人のために，音を出さない」ことを意識させるようにします。さらに「忘れてしまう友だちのために覚えてあげられる人はそうして下さい」と伝えると自分のためだけに聞くよりも記憶力が働くようです。

2 セーフティネットを張る

（1）メモによるセーフティネット

　「メモして下さい。2回ゆっくり言います」このように宣言してから一言ずつ区切って伝えます。メモは隣同士で交換して抜けや漏れがないか確認します。個別に配慮の必要な子どものメモは教師が見てあげるようにします。

（2）見える化によるセーフティネット

　連絡事項が多岐にわたる場合や，家庭から回収するものなどの場合は，教室の横の黒板に書いておきます。予め書いておいてから，指し示して連絡するのが効果的です。また，連絡の印刷物をそのまま掲示するのも，内容によってはよいでしょう。

（3）「お助けマン」によるセーフティネット

　前述の「忘れてしまう友だちのために覚える」というのがこれにあたります。頼り切りにさせてしまうのもよくありませんが，「聞いて…行動する」までのプロセスを完了できることで自己肯定感を高めることができます。また，サポートする側の子どもにも誰かのために行動する喜びを味わわせることができます。　　　　　　　　　（藤原　友和）

連絡事項／ソフト編

第1章●基礎・基本を身につける！ 日常スキル30

忘れ物

　子どもたちは，指導を繰り返しても忘れ物をしてしまうことがあります。わざと忘れようとしているわけではないのですから，"忘れ物をなくす"というよりも"忘れ物を減らす"という視点で考えていく必要があります。

忘れ物のメカニズム

　忘れ物という「エラー」には記憶によるエラーと行動によるエラーが考えられます。子どもの中で，いつ・どのようなエラーが起きているのかを見極め，対応策を施します。

傾向と対策

1 記憶のエラー対策

(1) 声かけで「何だったかな」に備える

　目が合うたび・話すたびに「明日持ってくる物は？」と声をかけ，クイズ感覚で出題します。そうすることで，思い出す頻度を高められ，記憶を確かなものにできます。

(2) メモで「すっかり忘れていた」に備える

　大切なのは，"きちんとメモをとる"ことです。高学年でもメモをとれない子はいるので，少しずつ指導します。また，すぐにメモした子を褒め，習慣化を図ります。

第1章 基礎・基本を身につける！ 日常スキル30

(3) リスト・リストで「メモをなくした」に備える

メモをなくさない工夫としては，「リスト・リスト」も効果的です。

手首に身につけることができるので，いつでも・どこでもメモを確認することができます。また，ふせんをテープで加工すると，少しの水では破れないため，長持ちさせることが可能です。

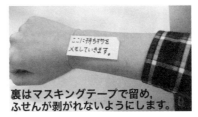
裏はマスキングテープで留め，ふせんが剥がれないようにします。

2 行動のエラー対策

(1) 動線にセットして「持ち忘れた」に備える

家でせっかく持ち物を用意したのに，ランドセルに入れ忘れる子がいます。持ち忘れを防止するために，このような場合，必要な持ち物を玄関のフックに掛けます。玄関は朝必ず通る場所ですので，忘れずに持って行くことができます。学級通信に一言添えるなどしてご家庭の協力も得ながら，動線に用意すると忘れづらいことを体感させます。

(2) 身の回りの整頓で「どこにあるかな」に備える

よく忘れ物をしてしまう子の中には，部屋を片付けられず，散らかった状態が続いている子がいます。物が散乱した状態が続くと，必要な物を見つけづらくなります。

自ら片付けようとする姿勢を育てることも大切ですが，自分の意志だけでは行動に結びつかない場合もあります。保護者の協力も得ながら，何がどこにあるのか一目でわかるように，整頓させることが大切です。 （鈴木　綾）

第1章●基礎・基本を身につける！ 日常スキル30

忘れ物

　どんなに気をつけても，忘れ物をしてしまうことはあります。大切なのは，忘れ物をしたことを責めるのではなく，対応方法を指導することです。自らの失敗をどう乗り越え，次につなげていくのか，考えさせることが大切です。

忘れ物をする弊害

　忘れ物には大きく分けて4つの弊害が挙げられます。
①その学習時間にやることがなくなってしまう
②他者から批判的な目で見られてしまう
③（借りた場合）人の物を大量に使用してしまう
④他の子と作業時間の差が大きくなってしまう

　これらをカバーしつつ，最善の対応策を講じる必要があります。

傾向と対策

1 対応策を考え，フォローする

　忘れ物をした場合の対応策は誰でもとりますが，フォローまでを視野に入れて「成長させる」という発想にまではなかなか結びつけることができません。次の例で考えてみます。

第1章 基礎・基本を身につける！ 日常スキル30

忘れ物／ソフト編

① 「友達との貸し借り」をフォローする
◎助け合いながら，全員が同じように学習を進められる。
△持ってきた子のテープが２倍消費されることになる。
「友達は優しいから貸してくれているのですよ。感謝の気持ちを忘れずに，次は自分が恩返ししましょう」

② 「教師が用意する」をフォローする
◎貸し借りがなく，子どもに負担をかけずに済む。
△忘れた子は実費負担がなくなり，不公平が生じる。
「今日は先生が貸しますが，他の人はきちんと持ってきています。人の物ですから大切に使って下さいね」

③ 「別の時間の対応」をフォローする
◎それぞれが自分の物で自分がすべきことを行える。
△時間の捻出が困難（特に急を要する場合）。
「今日は忘れ物をしてしまった分，補充プリントをしましょう。ですが，作品は完成させなければならないので，今日持ち帰って完成させるか，明日以降，休み時間を削って完成させるようにしましょう」

教師から指示するのではなく，自分はどうしたいのか・どうするべきなのか，子ども自身に判断させます。

2 次につながったことをフォローする

忘れ物をした子が，次の日にきちんと持って来られたら，同じ失敗をしなかったことを大いに評価します。この次につなげるフォローが，忘れ物に気をつけようとする心を育てます。

（鈴木　綾）

第1章●基礎・基本を身につける！ 日常スキル30

連絡なし欠席

児童が，連絡なく遅刻や欠席をすることがあります。様々な理由が考えられますが，連絡のないことが重なると，不登校や非行，ネグレクトの前ぶれと考えられるものもあります。そのため，早めの対応が必要になります。

連絡がない理由

保護者から欠席の連絡がないケースは，大きく分けると①単なる連絡忘れの場合，②保護者が子どもよりも先に出かけてしまって子どもは登校していると思い込んでいる場合，③保護者は家にいるが何らかの理由がある場合の３つです。どのケースであっても，連絡がない以上，その時点では子どもの行方や状況がわかっていません。迅速に対応する必要があります。

傾向と対策

1 とにかく迅速に，連絡をとる

子どもが学校に来ていないということは一大事だ，という危機意識をもつことがまず大切です。その都度，どんなに忙しくても，必ず９時までには保護者に電話連絡をして，子どもの状況を把握します。教室の子どもたちには指示を与えたり，場合によっては他の先生に入っていただいたり

して，登校している子どもたちのケアも忘れずにします。

保護者が電話に出て子どもの状況が把握できたら，「安心しました」と担任が心配していたことを伝えます。また，体の具合を確認したり，登校できそうならば交通事故に気をつけて登校させることなどをお願いしたりします。このとき，保護者の事情を理解することも重要です。一方的に保護者を責めるようなことがないように話します。

2 管理職に伝える

また，保護者が電話に出なかったときは，危機的レベルが一つ上がったことを意味します。担任は授業があるので，それまでの対応を含めてすぐに管理職に伝えます。そして，家庭訪問や何らかの方法で保護者とコンタクトをとる方法を考えてもらいます。連絡がとれたら，すぐに担任に状況を報告してもらうようにお願いもしておきます。連絡がとれない，また，保護者に問題があるということになれば，各種関係機関への連絡や相談も視野に入れて対応することが必要になります。

3 家庭訪問する

電話連絡がとれた場合でも，連絡なし欠席が２日続いた場合は，放課後に家庭訪問をします。子どもの様子をうかがい，遅刻や欠席時の連絡をあらためてお願いします。直接顔を合わせることで安心感を与え，学校側の信頼につなげます。また，家庭の様子や状況等，今後の対応に生かせる情報を得る上でも大切だと考えます。

（山口　淳一）

第1章●基礎・基本を身につける！ 日常スキル30

連絡なし欠席

ソフト編

連絡をせずに遅刻や欠席を重ねるというのは，保護者や子どもが学校や教師とのつながりをあまり重要に感じていない場合があります。それでいて，欠席が続くことに少なからず負い目を感じています。

👆 ハードルを低くする

欠席が続く子の保護者は，毎日欠席の連絡を入れることに苦痛を感じていることが多いです。自分の子どもを学校に行かせたくても行かせられないわけですから，精神的にも不安定になっていることが考えられます。

学校や担任に何度も連絡をするという面倒なイメージのハードルを，少しでも低くしていく働きかけが必要です。

傾向と対策

1 教職員全員に知ってもらう

まずは，担任一人で抱え込まないことです。学年はもちろん，管理職にもその家庭の状況をしっかり把握してもらいます。そして何より，教職員全員に当該児童の学年・クラス・名前・兄弟関係を把握してもらうことが大切です。

保護者が何かのきっかけで学校に連絡をしてきたときには，「ところで，○○ちゃんは元気ですか？」「担任が心配

していましたよ」など,少しでも子どもの話題に触れてもらうようにします。もちろん,兄弟がいる場合は,その担任との連絡を密にして,保護者と話すときにはお互いの兄弟の様子をうかがうようにします。こうすることで,学校全体で見ていますよ,心配していますよ,というメッセージを保護者に送ります。

2 話す機会を意図的に増やす

家庭での子どもの様子をうかがったり,学校での様子を伝えたりする電話連絡は定期的に行います。

保護者とは物理的に距離を縮めることは難しいですが,話す機会を増やすことで生まれるつながり感を大切にするのです。

そこでは,家庭からの情報が得られるだけではなく,学校や担任の思いを知ってもらうこともできます。「何かあったら先生に相談しよう」と保護者に思ってもらえるようなフォローを続けていきます。

(山口　淳一)

第1章●基礎・基本を身につける！ 日常スキル30

19 学級日誌

　学級日誌は，子どもたちが一日のことを振り返るきっかけをつくると同時に，一年間の学級の足あとを自分たちの手で残していくためにつけます。

学級日誌は自分で作成する

　使い勝手のよい学級日誌にするためには，教師が自作するのがベストです。その中には，友だちのよさを感じ取れるような部分も入れて，学級独自のものをつくっていきます。教師のための学級日誌ではなく，子どものためになる学級日誌にしていきます。

傾向と対策

1　日直の仕事に

　学級日誌へ記載するのは日直の仕事とします。日直の仕事にするのは，必ず全員が経験できて，確実に記載される状態をつくることができるからです。

2　手順を明確に

　学級日誌をつけるための日直の仕事の手順は，7つあります。

①朝登校したら職員室に行き，今日の予定について連絡があれば，担任から聞きます。

第1章 基礎・基本を身につける！ 日常スキル30

②その日の日誌は，朝の会までに，記載できることを書き込みます。
③朝の会では，学級日誌をもとに今日の予定を全体に連絡します。
④授業が終わるたびに，学習内容と，宿題が出ている場合はそれを記載します。
⑤帰りの会では，宿題や提出物の連絡，日直をした感想などを，日誌をもとに報告します。
⑥記載が終わったら担任に提出します。渡したその場で担任から短くコメントを書いてもらいます。
⑦担任から受け取った日誌は教室の掲示板に貼り，掲示していた前日の分はファイルに綴じ込みます。

　これで，その日の学級日誌の活動は終了です。掲示板に貼り出すのは，日誌をオープンにすることで全員が日誌の内容を確認できるようにすることと，書く内容に責任感をもたせることができるからです。

（髙橋　裕章）

第1章●基礎・基本を身につける！ 日常スキル30

学級日誌

　学級日誌を続けるための一番の難関は，マンネリ化にあります。記載する内容が単なる事実の記録になってしまうと，日誌を書こうとする意欲が減ってしまいがちです。

書いて楽しい日誌にする

　学級日誌には様々な事柄を載せることができます。一般的には，その日の天気，今日の予定や欠席者と理由，学習した内容，宿題や連絡，明日の予定などがあります。それらに加えて，「今日のパチリ」「今日のMVP」「日直からのメッセージ」など，その学級独自の内容を盛り込むことでマンネリ化を防ぐことができます。

傾向と対策

1 「今日のパチリ」

　日誌には写真も載せるようにします。文字だけでなく画像があることで日誌の楽しさがアップします。日直はデジカメを持ち，休み時間などに学級の様子がわかる場面を撮影します。帰りの会が終わったら，その日撮影した中から1枚を選び，担任にプリントをしてもらいます。プリントした写真には日直が簡単なキャプションをつけ，どんな場面なのかわかるようにします。写真が載った日誌は，放課

後に掲示板へ貼り出すので、子どもたちは、誰のどんな様子が写っているか、日誌ができあがるのを楽しみに待つようになります。

2 「今日のMVP」

これは、日直が決めるその日のMVPです。友だちのがんばっていたところや、目立たないけどみんなに知らせたい行動などを探し、帰りの会で発表します。日直になると、誰をどんなことでMVPにするか一生懸命考えるようになります。また、帰りの会では、誰がMVPになるかという楽しい瞬間を学級全体で共有することができます。

3 日直からのメッセージ

帰りの会で日直は、日直をした感想やその日学級で起きたニュース、学級に対する要望などを話すようにします。話した内容は自分で要約して日誌に記載します。こうすることで、日直がどのように学級を見ていたかを知ることができます。

4 日誌の見える化

学級日誌のマンネリ化は、日直以外誰も見ない場合に起きやすくなります。それを防ぐために、書いた日誌は、次の日一日学級の掲示板に貼り出し、見える化を図っていきます。前日の記録ではありますが、子どもたちは、写真や日直と先生のコメントを楽しみに読むようになります。一年間継続することで、書くことのスキルアップと友だちのよいところ探しができる日誌になっていきます。

（髙橋　裕章）

第1章●基礎・基本を身につける！ 日常スキル30

21 朝学活・帰り学活 ハード編

　朝学活・帰り学活は，5分や10分と短い時間ではありますが，毎日必ず保障されている時間です。短い時間ではありますが，目的をもって継続して取り組むことで，責任感や時間意識などをもたせるような成果を上げることができます。

朝学活・帰り学活の機能

　朝学活・帰り学活の機能は，大きく分けて2つあります。1つ目は，連絡です。毎日，教師から子どもたちへの連絡や，委員会や係からの連絡があります。2つ目は，見通しをもたせることです。朝学活は，今日一日どう過ごすかという見通し。帰り学活は，一日を振り返り，翌日をどう過ごすべきかという見通しをもたせます。

傾向と対策

1 司会を日直制にする

　朝学活・帰り学活の司会を日直制にして，日替わりですべての子どもが経験できるようにします。さらに日直を一人体制にすると，自分の仕事に対する責任感や自分が学級を動かしているという意識が芽生えます。

第1章 基礎・基本を身につける！日常スキル30

2 日直と打ち合わせをする

　教師は，日直に委員会への連絡や時間割変更などを事前に知らせておきます。時間が取れる場合は，朝学活の3分前に教室に入り，日直と直接打ち合わせをします。時間が取れない場合は，連絡事項をあらかじめメモしておき，それを日直に渡します。必要なことは，日直がホワイトボードに書き，連絡できるようにしておくことです。日直が学級を動かす自覚が高まることと，ホワイトボードに連絡事項を書くことで，学級の子どもたちがいつでも見られるようにしておくことができます。

　帰り学活前は，次の日の日直と打ち合わせをもち，明日の時間割や持ち物等の確認をします。特に持ち物などは，ホワイトボード等に書き，見えるようにしておきます。

　日直が一日の流れを把握することで，一日の流れを見通すことができるようになります。

3 時間意識をもたせる

　朝学活が長引いて1時間目に食い込んだり，帰り学活が長引いて下校時間が遅くなったりすることは避けなければなりません。まずは，教師が時間意識をもち，時間内に終わらせるプログラムにすることです。

（近藤　真司）

第1章●基礎・基本を身につける！日常スキル30

朝学活・帰り学活 ソフト編

　朝学活・帰り学活の機能は,「連絡」と「一日を見通す」ということがありますが,その他にも,朝学活は「一日の始まりの時間」,帰り学活は「一日の終わり」として大切な時間です。

ミニコーナーをつくる

　高学年になると,朝が苦手だったり,月曜日の体調が思わしくなかったりする子どもが増えてきます。これは,前日夜遅くまで起きていたり,土日の家庭での過ごし方が不規則になってしまったりすることが考えられます。

　そのため,一日を気持ちよくスタートさせられるかどうかがとても大切になります。朝学活の役割がより大きくなってきます。そこで,ミニコーナーをつくって朝からリズムをつくるようにします。

傾向と対策

1　朝学活で,一日を気持ちよくスタート

　朝学活では,子どもたちが気持ちよくスタートできるようなミニコーナーなどのプログラムを取り入れます。毎日同じプログラムよりも,毎日少しずつ変化を持たせる方が飽きずに続けられます。また,月曜日には身体を動かすこ

第1章 基礎・基本を身につける！ 日常スキル30

と，火曜日は声を出すことなど，それぞれ目的を持ってプログラムを考えるとよいです。

◆ミニコーナーの例

月曜日～ハイタッチジャンケン大会

火曜日～詩の音読

水曜日～合奏・合唱

木曜日～企画係タイム

金曜日～絵本の読み聞かせ

> 最初は，隣の席の子どもとハイタッチしてからジャンケンをする。次は，前後の席で勝ったもの同士がハイタッチジャンケンをし，最後まで勝ち残った子が，チャンピオンとなり，先生と対決をする。

このように，プログラムを決めてやると無理なく継続して行うことができます。

```
朝学活
 1．あいさつ
 2．今日のめあて
 3．ミニコーナー
 4．みんなから
 5．先生から
 6．あいさつ
```

```
帰り学活
 1．あいさつ
 2．めあての反省
 3．今日の振り返り
 4．みんなから
 5．先生から
 6．あいさつ
```

2 帰り学活は，明日への希望を持つ活動を

帰り学活は，一日の振り返りをする時間とします。日直が一日の反省を発表したり，班で話し合わせたり，日記に書いたりする時間にします。その時，自分だけでなく，友達のよいところ，がんばっていたところなども振り返らせるとよいでしょう。そうすることで自尊感情が高まり，温かい学級づくりの一助となるでしょう。

（近藤　真司）

第1章●基礎・基本を身につける！ 日常スキル30

教科連絡

　複数学級がある学年の場合，教科担任制を敷く学校が高学年において増えてきました。また，指導方法工夫改善の取組に伴い，習熟度別授業が行われています。音楽，体育など芸体系教科の授業は，もともと学年合同で行うことが多いと思われます。専科のいる学校もあります。教室移動を伴うことや，特別な用意が必要な場合がありますから，情報が子どもたちに正確に伝わることが大切です。

教科連絡の種類

　1つは持ち物や集合場所などに関する連絡，もう1つは学習活動や大まかな内容に関する連絡です。前者は授業に参加する準備に，後者は授業を受ける心構えをつくることに大きな役割があります。

傾向と対策

1 時間割表示に併記する

　その日の時間割を表示する場所は，サイド黒板や教室後ろのスペースだと思います。教科名の隣に，少しのスペースを確保しておきます。

　朝の会でその日の学習予定について話します。その時に，連絡事項をメモしていきます。

第1章 基礎・基本を身につける！ 日常スキル30

「音楽　音楽室　リコーダー　星笛」「国語　スキル⑧テスト」のように準備や内容に関する情報を書き込みます。クラスの係組織によっては，各教科担当の係や，時間割を表示する係の子どもが後で書き込むこともあるでしょう。

「次の時間の学習は何だっけ？」子どもたちがそう思って時間割表を見た時に，教科連絡の内容も一緒に目に入るようにするのです。

2 動線上に可視化する

教科担当の先生によっては，A4またはB4判の紙に連絡事項を書いて渡してもらえるようにお願いします。朝の会で「今日の家庭科　教科書　筆箱　さいほうセット」と書かれた紙を見せながら連絡をします。そして，話し終えると同時に教室のドアに貼り付けます。教室を出入りする時に自然に目に入りますから，教科連絡の内容が子どもたちに確実に伝わり，忘れることが少なくなります。

（斎藤　佳太）

第1章●基礎・基本を身につける！ 日常スキル30

教科連絡

 学級づくりがある程度軌道に乗るにつれて，子どもたちとは阿吽の呼吸ができるようになってきます。教科連絡は「いつも通り」で大体の子に伝わるようです。しかし，それでは困り感をもつ子が，どの学級にもいます。

教科連絡が浸透しない

 学年が上がるほどに，学習内容は高度化します。処理すべき情報が多い上に，抽象的な指示が増えてきます。ハード編で述べた可視化による視覚的な情報に加えて，さらなる手立てがあるとよいです。聴覚的な情報を受信しやすい子どもや，記憶に困り感をもつ子どものための手立てです。

傾向と対策

1 端的な言葉で見通しをもたせる

 ナンバリング・ラベリングを意識して話します（第1章13「連絡事項」を参照）。

 「1時間目は，算数です。作図するため，コンパス・三角定規を用意してください」「3・4時間目は，図工です。絵の彩色を仕上げます。絵の具セットを用意してください」というように，何時間目に何をするのかを短いセンテンスで述べていきます。時間割の横に書き込むのと同じく

らいの言葉の量で話すように心がけます。視覚情報と聴覚情報の内容を統一し，子どもたちにとってわかりやすくするためです。

2 具体的な言葉で見通しをもたせる

時には教師が口頭で「次の音楽の時間，いつもの道具を持ってきてね！」と話して，教科連絡が終わってしまう場合があります。これでは見通しがもてずに困る子が一定数出てしまいます。

年度当初の学年打ち合わせの時に，学年担任や専科教師の間で次の約束をします。

- ・教科連絡はその日の朝までに各担任（もしくは教科連絡の係の子）に伝える
- ・必要な持ち物の具体名を挙げて連絡する
- ・連絡事項が多岐にわたる場合は紙に書き出す

年間通してこの約束を徹底することで，具体的な内容を伴った教科連絡が視覚的・聴覚的に伝わり，子どもたちが見通しをもって取り組める環境が整います。

3 情報を整理する時間を保障する

教科連絡の後，ほんの少し（10秒くらい）の間をとります。頭の中で情報を反芻し，整理するためです。間をとった後で質問タイムを設けます。整理した上で不明な点や聞き逃した点があれば解決し，一日の学習の見通しをもって1時間目の授業の準備に入るようにします。

（斎藤　佳太）

第1章●基礎・基本を身につける！ 日常スキル30

連絡メモ

時間割の変更や学習用具の準備，宿題や提出物の連絡とメモをとらせる場面は数多くあります。

メモは書くだけでは意味がありません。メモしたことが確実に実行されるかが大事なところです。

メモをもとに行動する

まず，「書かれたメモに目を通すこと」が大切です。その上でメモを見て学習用具をそろえる，提出物を準備するといった具合に「メモを見て行動すること」が必要になります。この2つを習慣化させることがポイントです。

傾向と対策

1 メモさせるときに行う確認事項

メモをとらせる際に確認すべき点が2つあります。

1点目は，1冊のメモ帳を継続して使っているかです。日によって使う物が変わっていたり，紙切れにメモをしたりする子がいないかを確かめます。

2点目は，メモをとったかの確認です。「覚えているから大丈夫」とメモをとらない子が必ずいます。定着するまで，教師が点検したり隣同士で確認させたりします。

第1章 基礎・基本を身につける！ 日常スキル30

2 行動を習慣化する

習慣化させるためには「〜の後に…する」という行動様式を作ることです。普段私たちが習慣的に行っている事柄はこうした原理に基づいています。「食べたら歯を磨く」「出勤したらPCのスイッチを入れる」「席を立つとき椅子をしまう」などです。

「家に帰る→かばんを開ける→メモを出す」という一連の行動を習慣化させることが大事です。

学級通信にも載せ，定着するまでは保護者の方に声をかけてもらえるよう家庭にも協力をよびかけます。

3 □（チェックボックス）をつける

メモに□（チェックボックス）をつけ，準備が済んだり，作業が終了したりした項目をチェックさせます。

チェックしていくことで達成感を味わうことができます。

（高橋　正一）

第1章●基礎・基本を身につける！ 日常スキル30

連絡メモ

メモをとる技術は他の教科や学校生活の中で役に立つものですから，毎日の活動の中で少しずつ技能が身につくよう意識して指導します。

メモすることに楽しく取り組める工夫も必要です。

継続することで力をつける

小さな取組でも継続することで，やがて大きな力になることがあります。「継続は力なり」です。気軽に取り組めて，力がつくメモのさせ方を工夫します。

傾向と対策

1 視写させる

黒板に書いたことをメモ帳に視写させることで，メモのとり方を練習させます。箇条書きや一段下げなど，見やすく書くための技法を取り入れて，見本を示すのです。

また，メモには必要な事柄を端的に短く書くことが求められますが，そうした手本にもなります。

こうしたメモ術は，国語の聞き取りテストや社会科の見学メモにも役立てることができます。視写を通じて日常に生かせるメモ術を身につけさせます。

第1章 基礎・基本を身につける！ 日常スキル30

2 聴写させる

話したことを聞き取らせて書くことが聴写です。

聴写のよい点は，注意深く聞くようになることと，学習した漢字が使えているか確認ができることです。漢字の苦手な子は平仮名ばかりを使って書いたり，漢字を思い出すのに時間がかかったりしてしまいます。メモすることを読み上げ，その後10秒ほどしてから漢字の部分だけを板書します。最初は板書を見て写す子がいますが，繰り返し取り組むことで書ける文字も増えていきます。

3 雑学を1つ入れる

日付の書き方を和風月名や英語にします。繰り返し書くことでいつの間にか覚えてしまいます。

また今日がどんな記念日なのかを調べておき，日付の後に付け加えてメモさせるのも面白いです。

連絡メモが，ちょっとした知識を身につける機会となります。

(高橋　正一)

第1章●基礎・基本を身につける！ 日常スキル30

27 黒板メッセージ ハード編

　教室に入れば，黒板は見ようとせずとも子どもたちの視界に入ってきます。そこに教師からのメッセージを書くことは，予定を確認したり意欲を高めたり，子どもにとっても教師にとっても，気持ちのよいスタートにつながります。

価値あるメッセージに

　そうは言っても，毎日黒板メッセージの内容を考えるために，多くの時間を使えるわけではありません。かと言って，毎日同じような内容では，意味がありません。

傾向と対策

1 教室を出るときのルーティンに

　メッセージは，前日に書きます。子どもたちが下校した後，教室環境を整える作業の一つに組み込みます。

　朝は，欠席児童の対応など，どうしても時間に追われてしまいます。また，一番早く登校する児童よりも先に，教室に行けないこともあるからです。

2 定型文をつくる

　一日の振り返りと，翌日の予定確認をしながら書きます。いくつかの視点から3つほど選んで書きます。

①「あいさつ+天気」

子どもがメッセージを読む時,教師がそばにいるとは限りません。あいさつと共に,天気について触れておくと,それにあった過ごし方をイメージさせることができます。

②「昨日のがんばりから」

前日に見られた成長やがんばりを書きます。自分たちが認められることは自信になります。そして,その言動や行動をこれからも続けたり,さらに上のレベルを目指したりする気持ちにつながります。

③「今日の予定から」

今日予定されているテストや行事などのイベントを紹介します。今日一日が楽しみになるスタートにつながります。

④「期待している姿」

③につなげて予定の中で,「〇〇ができるといいね」というように書きます。意欲を喚起することができます。

⑤「朝の会までにやっておく」

提出物や,整理整頓,朝の会までに取り組む課題などやるべきことを連絡します。一日のスタートをスムーズに進めることができます。

(西村　弦)

第1章●基礎・基本を身につける! 日常スキル30

黒板メッセージ ソフト編

　黒板メッセージは，教師の思いを書きます。ですから，毎日積み重ねることで，教育的効果を期待できます。ただし，それは子どもたちが読むことが大前提です。

「目にする」から「目を向ける」へ

　毎日だからこそ，飽きてしまう心配もあります。また，目にするタイミングは一人ひとり違います。登校すると，すでに周りでは遊んでいる友だちもいます。そんな状況でも，毎日「読みたい」と思わせるには，あえて情報を不足させたり，学級における黒板メッセージの存在価値を高めたりする工夫が必要です。

傾向と対策

1 黒板メッセージの情報を不足させる

　クイズ感覚にすることで，子どもたちの興味を高め，目を向けさせることができます。朝の会で，子どもとやりとりをしながら，答えを確認します。

①不足させる情報

　伝えたい情報のどこを不足させるかで，黒板メッセージへの関心度は変わります。程よい難易度と，複数の答えが予想できる問題が効果的です。忘れがちな連絡や重要な予

定，学校生活のルールや校外学習のめあてで，問題を作ります。

②不足させる方法

不足情報を考える仕組みが複雑だと，黒板メッセージに説明が必要になってしまいます。穴埋めや，あいうえお作文（キーワードの頭文字だけ書く）を使い，見れば誰でも考えられる方法にします。

おはようございます。今日は校□学習です。

さ□□□□□なあいさつ

し□□□□□して聴く

す□□□□□行動

せ□□□□□質問

そ□□□□□でメモ　を合言葉に，楽しい一日に！

2　子どもが書く黒板メッセージ

学級での目指す姿が共有できた頃，子どもがメッセージを書くようにします。日直などの当番活動や，独立した係活動に位置づけます。メッセージを書く立場になると，スケジュールを意識したり，友だちのがんばりに目を向けたり，学級全体に目を向けることができます。また見る立場にとっても，友だちが書くことで，内容への関心を高めることもできます。書く人にとっても見る人にとっても，存在価値を高めることができます。

（西村　弦）

第1章●基礎・基本を身につける！ 日常スキル30

学級通信

学級通信は，保護者にとっては，貴重な情報源になります。行事予定や準備すべき教具，学校での子どもたちの様子を知ることができます。そしてそれらを通して，担任の指導方針も知ることができます。学級通信を発行することで，様々な効果が期待されます。

学級通信の教育効果

ただ学級通信を発行すれば，保護者とのつながりや学級経営がうまくいくわけではありません。あくまで，学習指導や生徒指導を支える「柱の一つ」と考えるべきです。通信発行に追われて他の業務に遅れが出てしまっては，本末転倒です。効果と効率のバランスが大切です。

傾向と対策

1 自分にとって学級通信とは

自分の教育活動において，学級通信がどれだけ重要な存在なのかを考えます。それが，通信発行のペースや作成時間につながります。退勤前に30分の時間ができたとします。その時，通信を書くのか，教材を1つ増やすのか，教室環境を整えるのか。人によって違うのです。

第1章 基礎・基本を身につける! 日常スキル30

2 書く内容のイメージを

事前に伝えたい内容をイメージすることで、より効果的な通信を効率よく発行できます。

①未来日記を書く

金曜日の放課後、来週の予定を見ます。記事にしたい活動をピックアップするのです。「家庭科のミシンの様子を写真で紹介しよう」とか、「学活の話し合いの記録を載せよう」といった具合です。あらかじめ決めておくと、子どもたちへの視点も広がります。

②第三者の声を

時には、新聞やインターネットから、教育や子育ての情報を紹介します。保護者と一般論を共有したり、担任の取組を価値づけたりすることができます。

③職員室で交流

他の先生と学級通信を交換します。アドバイスをもらえたり、様々な通信から新たな視点や手段を学んだりすることで、より効果的な学級通信になります。　　(西村　弦)

第1章●基礎・基本を身につける！ 日常スキル30

学級通信

ソフト編

学年が上がるにつれ，家で学校のことを話さなくなる子どもが少なくありません。また，自分の思いを表現することにも迷いが出てくる頃。そんな高学年だからこそ，保護者が読みたい，子どもが保護者に伝えたい通信が必要です。

キャッチボールできる通信

学級通信を発行しました。子どもたちが家に持ち帰ります。さて，どれくらい読まれているでしょうか。そして教師の思いは，どれくらい伝わっているでしょうか。どんなに時間をかけても，読まれなくては意味がありません。

傾向と対策

1 誰に向けて書いているか

読み手は，基本的に保護者を意識しますが，高学年なので，保護者向けの文章でも，子どもたちが読むことも意識します。ただし，確実に保護者へ伝えたい連絡事項は，枠をつけたり書体を変えたりして，目立つようにします。

2 子どもが保護者に伝えたくなるために

（1）子どもの生の声を

子どもの声を「　」づけで紹介します。行事や教科の感想，賞の入選，誕生日など，チャンスは無数にあります。

第1章 基礎・基本を身につける！ 日常スキル30

ただし，掲載する前に本人の了承が必要です。高学年になると，自己開示に抵抗を感じ始めるからです。

(2) 教師の生の声で

教師が，学級通信に書かれている子どものよさを読みきかせします。学校で紹介することで，今度は子どもたちが保護者へ伝えたくなります。

3 保護者が読みたくなるために

(1) 思い・情報を共有する場に

参観日やレクなどは参加できない保護者もいます。どんな内容だったのかを紹介することで，他の保護者との情報格差を縮めることができます。また，学級懇談や家庭訪問などで出た考えや質問も紹介します。それに対する教師の返答も載せることで，他の保護者の考えと担任の考えを，同時に共有することができます。ただし，子どもの場合と同様，掲載の了承は絶対条件です。

(2) 教師の「人」を少しずつ積み重ねる

たくさん発行することで，教師の考えや思いを積み重ねることができます。しかし，いつも熱いメッセージでは，読む方が疲れてしまいます。通信の余白に，ちょっとしたコメントを書きます。自身の家庭のことや，失敗談，休日の思い出などを紹介することで，親近感を感じてもらえたり，会った時の話題にしたりすることができます。学級通信は教師自身を表現する上でも，貴重なツールの一つになります。

（西村　弦）

学級がうまくまわる！
係活動・当番スキル30

第2章●学級がうまくまわる！ 係活動・当番スキル30

1 学級委員選出

ハード編

　多くの学校で，4年生から児童会活動が始まります。学級委員（代表）は，学級のリーダーというだけではなく，児童会の組織にも位置づけられる役職です。ですから，学級内で選挙をして選出する場合も多いでしょう。

学級委員を避ける高学年

　高学年になると，人の目を気にしたり面倒がったりして，目立つ役を避ける子が増えてきます。そのため，人前で話すことが好きな子や，学級を仕切りたい子ばかりが立候補したり，立候補者が足りなくなったりすることもあります。

傾向と対策

1 役割を明確にする

　委員長，副委員長，書記の三役を選出すると，どうしても委員長に強いリーダーシップが求められがちです。そうではなく，それぞれに大切な役割があることを知らせます。
・委員長は学級全体の利益を考えて意見をまとめる役
・副委員長は学級の様子をよく見て委員長と協力する役
・書記は話し合いで大事なことをわかりやすくまとめ，記録と資料を整理する役

第2章 学級がうまくまわる！ 係活動・当番スキル30

　また，選出する前に，活動にあたっては必ず三役で相談し，学級全体に周知して進めていくことも確認します。独善的では学級の中に不満が出るからです。また，一人が責任を負わされるものではないという確認でもあります。

2 選出方法を確認する

　学級委員は，立候補者が所信表明をした後，投票で決めることが多いのですが，場合によっては推薦を受け付けます。誰かを推薦するときには，「自分たちのリーダーとしてここがふさわしい」「こういう形で協力したい」という気持ちを伝えることとします。自分では立候補する勇気が出ない子も，このように推薦されることで「それならやってみよう」という気持ちになることがあります。

　投票するときには，仲のよさや男女などにとらわれず，「みんなが過ごしやすい学級を作りたいという思い」をよく聞いて判断するように話します。また，「選ぶということは協力を約束することだ」と話し，立候補していない子も自分ごととして選挙に臨めるようにします。

（横田　陽子）

第2章●学級がうまくまわる！ 係活動・当番スキル30

学級委員選出

　学級委員は，様々な場面でリーダーとしての役割を果たすことを求められます。どの場面に，どんな形でリーダーシップを発揮できるのかを具体的にイメージしておきましょう。

やりがいがある仕事になっているか

　活動がうまくいかないとき，委員としての責任感を問われたり，指示の不十分さを指摘されたりします。また，学級で起こった問題の責任が委員にあるように言われることがあります。そのことが，「大変なだけでやりたくない」「私にはできない」というイメージにつながることにもなります。

傾向と対策

1 活動の場を工夫する

　学級会では，委員長が議長をしながら意見も述べると，公平な進行が難しくなります。また，副委員長も役割がはっきりせず，手持ち無沙汰になります。そこで，副委員長は議長，委員長はリーダーとして意見を述べる役と，役割を分担する工夫をします。

2 活動のよさを伝える

イベントなどでは，指示が一方的になったり，不明確だったりして，周囲の子どもたちが不満を感じていないか，様子を観察します。

委員がいろいろな考え方に耳を傾けながら学級をまとめようとしていたら，そのよさを学級全体に伝えます。

3 フォロワーシップを育てる

学級委員がリーダーとして活動するために，「指示の仕方」「議長としての会議の進め方」などの指導はよくされますが，意識したいのは周囲の子のフォロワーシップを育てることです。

話し合いでも，学級委員をリーダーとした自治的活動でも，「学級委員だけががんばるのではなく，周囲が協力的であることが成功につながるのだ」と繰り返し丁寧に語ります。

そして，そのような行動が見られたら，それを全体に紹介し，「こういう行動があると，このように活動がうまく進むんだね」と，その価値を確かめます。

ある程度理解が進んだら，振り返りを子どもたちでする場面を作ります。まずかったところを挙げるのが目的ではありません。それぞれの立場から，「嬉しかった」「助けられた」行動を伝え合う振り返りの時間を設定します。

リーダーとフォロワーがねらいに向かって協力する意識を育てることで，その後の自治的活動がよりよいものになります。

（横田　陽子）

第2章●学級がうまくまわる！ 係活動・当番スキル30

係組織

　教室での生活に必要なことを分担して行う児童の活動を，本書では「係活動」と位置づけます。学級生活を自分たちで営むために係を組織します。とはいえ，つい忘れてしまったり，同じ係の友だちに任せっきりになったりして，活動の様子に児童によって温度差が生まれてしまうことがあります。また，学年が上がるほどに，児童会活動のために，学級外での仕事が増えるのが高学年の特徴といえます。

係の活動内容

　新学期当初に，係組織づくりをします。係の活動内容として，2つのことを条件として提示します。1つは毎日仕事があること，もう1つは一人でできる仕事であることです。前者は，毎日みんなの役に立つことで学級への帰属意識や自己有用感を高めること，後者は，責任をもって仕事に取り組む環境を作ることを意図しています。

傾向と対策

1 学級での生活に必要なことに特化する

　教室は，授業や給食といった活動を円滑に行える環境であることが大切です。係はそのために組織します。

新学期の学級活動の時間に「毎日,みんなのために必要な仕事は何かな?」と問い掛けます。例えば時間割や当番表の更新といった情報系,黒板や牛乳パックリサイクルといった清掃系,生き物の世話や本棚の整頓といったメンテナンス系の仕事を,学級の人数分挙げていきます。自分がやらなければ誰か(学級のみんな)が困ってしまう仕事を,原則一人一役として係組織が担います。自分は学級に必要不可欠な存在であることを毎日自覚することになります。

2 係専用名札で仕事を可視化する

係の名前の横に,両面印刷の名札を貼り付けます。表面は自分の名前,裏面は「完了!」など仕事が終わったことが一目でわかる表示にします。帰りの会が始まるまでに係の仕事を終える約束をしておけば,一日の最後には全員が仕事を終えます。忘れてしまっている子には,席の近い子が「仕事やって!」と声をかけます。こうして全員が仕事をやり遂げ,一日の学校生活を終えられます。

(斎藤　佳太)

4 係組織

第2章●学級がうまくまわる！ 係活動・当番スキル30

学級開き当初は進んで行われていた係活動。時間が経つにつれて次第に停滞することもあります。高学年においては，学校行事や下級生とのかかわり，児童会活動によって児童の活動意欲が分散されることも否めません。

係活動が停滞する理由

学年が上になるほどに，学級外での役割の重要度が高まります。相対的に係活動へ割く時間も労力も小さくなります。また，日々淡々と仕事をこなす中でマンネリ化も起きてきます。

傾向と対策

1 仕事を細分化する

新学期始めに，原則一人一役の係組織を作ります。板書を消す仕事は3時間目までと4時間目以降で担当者を替えます。学級の人数によっては，健康観察用のファイルを保健室に取りに行く人と戻しに行く人を分けます。給食用のゴミ袋を配膳ワゴンに貼り付けるといった，毎日続けられる仕事なら係として成立させます。このように仕事を細分化することで，一人ひとりに独自の係が割り当たります。また，短い時間や小さな労力でもできる仕事で構成された

係組織になります。

　自分の係の仕事をするのは自分だけです。朝の会で歌う歌を準備しないと、みんなが待ちぼうけを食らいます。健康観察用ファイルを取ってこなければ、結果を記録する人や戻しに行く人の仕事ができません。たとえ小さな仕事でも、やることで毎日みんなの役に立った事実が生まれます。

2　マンネリ化は試行錯誤で打破する

　帰りの会直前になっても、多くの係の仕事が終わっていない日があります。係活動がマンネリ化するとそれが続きます。そんなときは学級会で解決策を話し合います。一週間"お試し"する解決策をみんなで決め、うまくいかなかったらまた決め直すことにします。例えば次のような解決策が考えられます。

①忙しい日は交代し、後でもっと働く

　児童会活動で忙しい日は、学級担任に申し出れば友だちに仕事を代わりにやってもらえるという約束です。その分、後日もっと働くというルールも一緒に作ります。

②みんな同じ時間に仕事をする

　メダカのえさやりや本棚の整理など、一日のどの時間でもできる仕事を、給食準備時間の最初にみんな一斉にやろうという約束です。

　係組織について、折にふれて自分事として見つめ直す機会を設けることでマンネリ化を打破します。

（斎藤　佳太）

第2章●学級がうまくまわる！ 係活動・当番スキル30

学級目標

学級目標は，学級集団として一年間をかけて目指すものです。さまざまな個性をもった子どもたちが気持ちよく一緒に生活するための拠りどころにもなります。

実感を伴わない目標

目標決定までのプロセスを急いでしまうと，「実態に合わない」「すでに達成されている」「人から与えられた」目標になってしまうことがあります。

傾向と対策

1 学級の現状から目標を作る

目標を決める前に，今の学級の良さと課題を考える時間をとります。特に，学級編成直後の学級では学級の様子を知る一定の期間を設けます。

一人一人の感じた学級の良さと課題，さらに学級への願いを交流し，一年後どのような学級になっているといいのかを考えさせます。課題を克服することだけでなく，良さを伸ばすという視点にも気づかせます。

また，友だちの願いを知ることで，「みんなで一緒に目指せるもの」を作ろうとする意識も高まります。

2 言葉の奥にある具体的な姿を確認する

言葉が決まったら終わりではなく,「どんな姿が見られると目標に近づいたと言えるのか」という具体的な姿を子どもたちに聞き,交流する時間をとります。

同じ言葉でも思い描く姿は子どもによって違います。それを聞き合うことで,学級目標を目指すために何をすればいいのか,イメージが広がります。

3 掲示物を子どもたちが作る

子どもたちの手作りの掲示物にすると,自分たちの目標であるという意識が高まります。全員で手分けして作ったり,全員の名前を入れたりする工夫ができます。さらに,作り方やデザインにも子どもたちのアイディアを採り入れると,「これは与えられた目標ではなく自分たちで掲げた目標であり,自分たちで向かっていくのだ」という意欲にもつながります。

(横田　陽子)

学級目標

4月に時間をかけて目標を考え、掲示物を作っても、その後、学級目標があまり意識されずに「飾り」になってしまうことがあります。

日常生活と結びつけにくい

学級目標は一年間を通して目指すものであり、合い言葉としての要素ももつので、抽象的な言葉で表現されがちです。そのため、日常生活と結びつけにくく、意識的に学級目標を取り上げていかないと飾りになってしまうのです。

傾向と対策

1 学級目標を意識しながら学級活動を作る

学級目標を決める時に、「今後の学級活動はこの目標を達成することを目指して作ります」と宣言します。

そして、遠足や運動会といった大きな行事でも、係活動やイベント作りのような日常的な活動でも、「学級目標に近づくために」という視点をもって話し合いをするように助言します。

子どもたちが話し合う中で、意見が対立することはよくあります。自分の意見を通そうと意地になる子も出てきます。

そんな時,「私たちは何を目指してこの活動をしようと考えていたのかな」「学級目標に近づくためには,どうすればいいと思いますか」と問います。その一言で,子どもたちの思考の流れが変わったり,視野が広がったりします。

2 振り返りで意識づける

活動が終わるたびに,振り返りの時間を作ります。個人で振り返り,作文用紙などに書きます。

振り返るポイントは以下の2点です。

①その活動がうまく進められたか
②その活動によって学級目標に近づけたか

その際,「このような姿が見られたからよかった」というように,具体的なエピソードを添えて振り返るように助言します。そうすることで,感覚的にではなく,自分や友だちの様子を思い出しながら振り返るようになります。

振り返りはうまくいかなかったことに目が向きがちですが,好ましい行動にも注目させます。課題についても,次にどうすれば改善され,目標に近づけるのかを合わせて考えさせ,成長につなげます。

学級全体で共有したい内容があれば紹介します。子どもの許可があれば,学級通信に掲載すると,家庭にも子どもたちの思いや成長を伝えることができます。

学級目標と活動との関連が意識づけられてきたら,学級目標そのものを検討します。そして,さらに高い目標に作り替えるなど,目標への意識を深化させる機会を設けます。

(横田　陽子)

第2章●学級がうまくまわる！ 係活動・当番スキル30

7 日直

ハード編

　日直の仕事は多種多様です。

　日直に何をさせるのかは，学級経営や授業運営と関連させて考える必要があります。まず教師が教室運営の構想を持っておくことが必要です。

教室運営の一つとして構想する

　例えば黒板消しを誰がやるのか。日直の他に，係や担任で行う場合が考えられます。掃除の時間に当番が行う場合もあります。授業の号令を行わずチャイムと共に授業を始めるという先生もいますので，自身の教室運営システムを見直すところから始めましょう。

傾向と対策

1 何をさせるか考える

　日直の仕事として考えられるのは朝の会や帰りの会の司会，授業の号令，黒板消しです。他にも，一日のめあてを決める，日誌を書く，連絡事項を伝える，照明の消灯などがあるようです。これらの仕事の中には，学級によって日直ではなく先生や係が行っているものもあります。日直が行うことは何かを決めましょう。

　全学級で日直がスピーチやニュースを発表する取組を行

第2章 学級がうまくまわる！ 係活動・当番スキル30

おうという場合があります。学校や学年全体で共通して取り組むことがあるかないかも確認しておきましょう。

2 輪番方法

輪番方法は，出席順や座席順がわかりやすいでしょう。人数は1人または2人で行うことが多いと思います。日直ですから日替わりが基本ですが，班ごとに1週間交替という場合もあります。

3 見える化する

日直が誰なのかを，黒板に記入したりネームを貼ったりして明らかにしておきます。

日直の仕事は紙に書いて掲示しておきます。取り組み状況を確認するために，例えば，仕事を短冊に書いて終わったら裏返すようにしておくとよいでしょう（下図参照）。

「誰が」日直で，「何を」するのかが明らかになっていることが大切です。

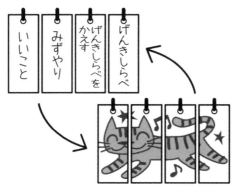

（高橋　正一）

日直

日直は輪番で必ず回ってくる仕事ですが，やりがいの見いだしにくい仕事でもあります。「やらなければならないからしかたなくやる」と，惰性的に活動させるのではなく，やりがいを感じられるように声をかけていくことが大切です。

輪番のよさを生かす

輪番で必ず回ってくる日直は，全員が繰り返し体験できるという利点があります。人前での話し方や声の大きさ，所作などを繰り返し指導することができます。仕事ぶりに対して，評価の機会が全員に回ってくるのもよい点です。

傾向と対策

1 発見したよさを伝える

どんな姿勢や態度で日直を行っているか観察します。

日直が黒板に寄りかかっていたり，教卓に肘をついていたりするようなことはないでしょうか。

背筋を伸ばした姿勢で立ち，はっきりとした声でキビキビと進行する姿を目にするのは気持ちのよいものです。「立ち姿が美しいね」「テキパキと引き締まった進行だね」と，見つけたよさを伝えていきます。

2 前日に伝える

出席順や座席順に日直を輪番にしている場合でも，翌日の日直が誰であるかを伝えておきます。翌朝登校してきて教室に入って初めて自分が日直であったということに気づくということは避けたいものです。

前日のうちに予告をして心構えをもたせておきます。

3 ねぎらう

日直は輪番でやらなければならない当番的な活動です。ですから，やって当たり前といった感じがあります。けれども，やるべきことをしっかりやったということは評価されるべきです。やらせっぱなしにならないようにします。

仕事を終えた時に，その都度短く評価しましょう。黒板消しを日直の仕事にしているのであれば，黒板がきれいに消された時に「ありがとう」「きれいな黒板は気持ちがいいよ」と声をかけます。号令も「気が引き締まる号令だ」など，すかさず褒めるようにします。

教師がねぎらいの態度を見せることで，学級の子にも感謝の気持ちをもたせるようにします。

（高橋　正一）

第2章●学級がうまくまわる！ 係活動・当番スキル30

9 黒板の消し方

黒板は，毎日授業で使うものなので，常にきれいにしておきたいものです。黒板消しを正しく使うことで，黒板をきれいに消すことができます。

黒板の消し方のポイント

黒板の消し方には，大きく2つのポイントがあります。1つ目は「上から下へ」。2つ目は「角度を45度にする」です。

傾向と対策

1 上から下へ

黒板を消す時は，黒板消しを上から下へ使って消していきます。上から下へ消していくと，黒板を消す際に出るチョークの粉が広がりづらいことと，下の粉受けに粉を落とす働きがあります。また，同じ方向で拭くことで，拭いた後に残る線などの拭きムラができづらくなります。

2 角度は45度

まずは，黒板消しを使って黒板に書かれているものを大雑把に消します。次に，黒板全体がチョークの粉で白くなっているので，これをきれいに消していきます。ここで大切なのが，均一に力をかけることです。黒板消しの全面を

押し当てて消すと力が分散されて、きれいには消せません。黒板消しの下の部分を少し浮かせて、ふちの部分を使って、チョークの粉を黒板消しに吸い取らせるイメージで消すと、均一に力が入ってきれいに消すことができます。何度か拭いていると汚れてくるので、黒板消しをひっくり返して、反対側で消します。その少し浮かせる角度がおよそ45度で、「角度は45度‼」と言うと、子どもたちも意識しやすくなります。

また、固く絞った雑巾を使って、黒板をきれいにすることもありますが、黒板の種類によっては、避けた方がよい場合もあります。確認してからにしましょう。

3 台を置く

子どもたちは、黒板の上まで手が届かない場合があります。そこで、小さな台を黒板の前に置いておきます。黒板を消す子は、その台に登って上から力をいれて消すことができます。また、その台は、子どもが黒板の上に字を書くときにも使えるので教室にあると便利です。

4 粉受けの掃除の仕方

チョークの粉は、黒板の粉受けにたまるので、小さなほうきで集め、黒板の中央にある粉入れの穴に落として集めます。チョークの粉入れがない場合は、粉受けを水拭きしてチョークの粉をきれいに拭き取ります。　　（近藤　真司）

第2章●学級がうまくまわる！ 係活動・当番スキル30

黒板の消し方

　いい加減に消した汚い黒板で授業を受けるのと，きれいな黒板で授業を受けるのでは，どちらが勉強したくなるかを子どもたちに聞くと，当然，きれいな黒板の方がよいと答えます。きれいな黒板は，字も見やすく，気持ちよく授業を受けることができるので，学習の意欲も高まります。

子どもに役割を与える

　自分たちで使う黒板は，自分たちで管理し，きれいにしていこうという気持ちをもたせるために，子どもたちに役割を与えます。

傾向と対策

1　日直や係，掃除当番を生かす

　黒板は，ほぼ毎時間使うので，日直や係など，黒板を消す担当を決めます。しかし，休み時間は，5分や10分と短く，一人で黒板を消すと時間がかかります。そこで，時間短縮のために，黒板消しを2つ用意して，2人体制にします。すると，例えば，次のような3種類のやり方が考えられるようになり，時間が短縮されて効率的に消すことができます。

第2章　学級がうまくまわる！　係活動・当番スキル30

黒板の消し方／ソフト編

①右の黒板担当と左の黒板担当に分ける。
　右と左に分かれ，右端と左端から同時に拭いていく。終わったら，2人でクリーナーをかけに行く。
②一人がクリーナーをかけ，一人が黒板を消す。
　一人がクリーナーをかけている間に一人が黒板を消し，クリーナーの子が戻ったらきれいな黒板消しで仕上げをし，使っていた黒板消しをクリーナーにかけに行く。
③一人が全体を消し，一人が端から仕上げをしていく。
　まず，一人が全体を消し，もう一人が端から丁寧に拭いていく。その間にクリーナーをかけに行く。

　掃除当番には，黒板をきれいにすることの他に，粉受けも忘れずに掃除することを伝えます。

　粉受けにたまったチョークの粉は，ビニール袋等に入れて捨てます。

2　イベントを企画して黒板の消し方を楽しむ

　高学年になると，上手に黒板を消す子も出てきます。そこで，休み時間などを利用して楽しいイベントを企画します。制限時間内でいかに素早く消せるかを競う「タイムアタック」。黒板をきれいに消す技を競う「黒板消し名人大会」。班のメンバー全員で黒板を消す時間を競う「班対抗黒板消し大会」など，楽しみながら黒板を消すイベントを企画します。すると，新しい黒板の消し方を開発する子も出てきます。

（近藤　真司）

第2章●学級がうまくまわる！ 係活動・当番スキル30

給食当番

　給食当番は，様々なことに配慮しながら円滑に進めることが求められる活動です。なぜなら，衛生面に十分気をつけなければ，給食が原因となって病気を感染させてしまうことがあるかもしれません。また，準備や後片付けに時間がかかるとその後の活動に影響が出ます。盛り付ける量が違うと不平等感を生みます。

意識化を図る

　安全面や衛生面，時間，配膳の仕方等，給食当番が意識しなければならないことはたくさんあります。いつでも，誰でも，どんな役割になっても，これらのことを念頭において活動できるようにします。

傾向と対策

1 全員で共有する

　年度当初には，以下のようなことを再確認します。
①当番として意識しなければならないこととその理由
②当番の期間，役割や仕事の内容
③配膳の仕方や盛り付ける量のめやす

　確認したことをクラス全員で共有し，慣れや自分なりの解釈によって曖昧になっている部分を明確にします。共有

したことは掲示物等で可視化し,いつでも確認できるようにします。

また,定着するまでは,担任も一緒に給食当番の活動をします。徹底できているかを確認し,必要に応じてアドバイスをします。また,給食当番のリーダーを決め,その役割を任せてもよいでしょう。

2 動線を利用する

水道の近くにエプロンを掛ける場所を設置する,整列する場所の近くに消毒液を置く等のように,やらなければならないことを子どもの動線上に配置します。やり忘れを防ぐとともに,準備時間の短縮にもつながります。

3 確認する役割を設ける

手洗い,消毒,服装等を確認する役割を設けます。係活動に位置付けてもよいですし,給食当番のリーダーが担ってもよいでしょう。お互いに声をかけ合うことで意識化を図るのです。

4 時間を可視化する

準備や後片付けの目標時間を設定すると共に,かかった時間を可視化します。

目標時間は,初めは担任が設定しますが,活動に慣れてきたら子どもが設定します。

また,かかった時間を可視化したものは,当番終了後の振り返りに生かします。活動の質の向上や目標時間の見直しにつながっていきます。

(三浦　将大)

第2章●学級がうまくまわる！ 係活動・当番スキル30

給食当番

ソフト編

　限られた時間の中で活動をやり切らなければならない給食当番。効率化を優先するあまり，決められたことを決められた通りに行うだけの活動になってしまいがちです。このことは，給食当番をやらされているという思いにつながり，やる気を低下させてしまうことがあります。

子どもたちのやる気を引き出す

　毎日のように給食はあります。日常の学校生活を維持していくためには，給食当番はなくてはならないものです。だからこそ，子どもたちが「よしやろう！」という思いをもてるような活動にします。

傾向と対策

1 給食当番改善プランをつくって実践する

　学期に1・2回，給食当番強化期間を設けます。普段の活動の様子，準備や後片付けにかかる時間をもとに，改善するところがないか，子どもたちが話し合います。そして，「当番の人数を増やす」「温食を受けもつ人数を変える」「配膳の流れを変える」等のようにアイディアが出されたら，「給食当番改善プラン」として実践します。

　実践後は，すぐに振り返る時間を設けます。配膳が終わ

第2章 学級がうまくまわる！ 係活動・当番スキル30

ったら給食当番で机を寄せ合い、「今日はスムーズにできていたかな」「温食担当は２人がいいね」等、食べながら振り返りを行います。よさや改善点を共有し、「明日はもっと」というやる気を引き出します。

振り返ったことや改善点等は、ごちそうさまの前の数分を利用し、クラス全体でも共有します。

なお、変更点があった場合には、特別な支援を必要とする子どもへの配慮は欠かせません。可視化したり、必要に応じて担任が一緒に活動したりし、スムーズに活動できるようにします。

2 「給食当番感謝DAY」を設定する

「給食当番感謝DAY」を設定し、給食当番が優先的におかわりをできるようにします。当番が月ごとに替わる場合には月末に、１週間ごとに替わる場合には金曜日に等、当番の期間に応じて設定します。特別感をもたせることで、活動に対する意欲を高めるのです。また、がんばって仕事をしてきたことに対するご褒美の意味もあります。

(三浦　将大)

第2章●学級がうまくまわる！ 係活動・当番スキル30

給食準備

給食時間は、一日の中でも子どもたちにとって待ち遠しい時間です。決められた時間の中で準備をスムーズに終わらせ、楽しい食事の時間を十分に確保したいものです。

準備における2つの流れ

給食準備には、給食当番の動きと、それ以外の子の動きの2つの動きがあります。教室の中でこの2つの動きがお互いを邪魔することなく、スムーズに動くシステムを構築することが重要です。

傾向と対策

1 動線を整える

狭い教室の中でそれぞれが勝手に動くと、スムーズな準備に支障が出ます。そのようなことが起こらないような動線を確保することが大切です。

例えば、当番以外の子は身支度を整えた後、教室後方のドアから出て手を洗い、戻ってくる時は前方のドアから入り、そのまま給食を受け取り着席します。このように、誰がどの経路で動くかということを想定して、導線を整えます。

2 準備はBGMとともに

　給食の準備をしている間は，準備用の音楽を流します。子どもたちの要望をもとに，騒がしくならない音楽を約10分程度に編集します。教室に流す際の音量は，全員に聞こえる最低限の音量とします。音楽が常に聞こえている状態で，CDが終わるまでに準備を終わらせるようにします。曲が聞こえていることが前提となりますので，教室内が騒然となるのを防げます。また，曲を聴くことで，あとどのくらいかということも予想しながら準備することができます。

3 終わった後の動きを明確に

　準備が終わった子は，静かに着席していることが望ましいです。しかし，準備が終わった後にやることが明確になっていなければそうはいきません。そこで，早く終わった子から順番に，給食当番の分の準備をします。給食当番の準備がない子には，着席したら読書をしたり，自分で学習をしたりと，静かに待つためのルールを作っておきます。給食当番は盛り付け，配膳の仕事が終わったら，後片付けの準備を整えて着席します。　　　　　　　　　　（新川　宏子）

第2章●学級がうまくまわる！ 係活動・当番スキル30

14 給食準備

給食準備中には，システムを整えても，様々なトラブルが発生します。これらをあらかじめ想定し，対策を立てることで，スムーズに準備を進めることができます。

トラブルの原因から対策を考える

活動中によく起こるトラブルとして，「活動の停滞」や「サボり」があります。前者はマンネリ化，後者は意識の低さが原因です。このようなトラブルには，対症療法的に指導するのではなく，トラブルの原因をもとに予防的な対策を考えることが大切です。

傾向と対策

1 目標タイムを設定する

同じことの繰り返しは，活動を散漫にします。これを防ぐために，準備の活動に小さな挑戦を織り込みます。

まず，4時間目が終わった時に，準備の目標タイムを全員で設定します。目標タイムが達成できたら牛乳で乾杯をします。目標を達成できなかった時は，次の日も同じタイムで再挑戦します。達成できたら，次の日は前の日を上回る目標を設定します。一週間限定でこのような挑戦を繰り返し，さらなるスピードアップを目指します。

2 お助けコーナー

高学年になると、「慣れ」から給食時の身支度が軽視されがちになります。また、忘れ物をした子が、途方に暮れて立ち尽くすということもあります。このような時のために「お助けコーナー」を設置し、ランチマット、三角巾、エプロンなどを準備します。忘れた時は、そのことを担任に告げ、このコーナーの物を使います。使い終わったら洗濯し、アイロンをかけて返します。このように、忘れ物をしても、滞りなく準備ができるようにしておきます。

3 自分たちの行動を振り返る

給食準備は、掃除当番とは違い、当番とそれ以外の子ども双方の動きが重要になります。そこで定期的にチェックデーを設けます。当番以外の子が輪番で点検係になり、当番や待っている子たちの動きについて点検します。よい動きをしていた人の紹介や、さらに効率よく準備するためのアイディアの提案などをさせ、改善を図ります。もちろん教師も必要に応じて、子どもたちのよい動きを紹介し、学級内に広げていくことも大切です。

（新川　宏子）

第2章●学級がうまくまわる！ 係活動・当番スキル30

15 おかわり

「今日は何が残っているかなぁ？」「あっ，唐揚げが３つも残っている！」

おかわりは給食の楽しみの一つです。しかし，ここにルールがないと，食べたい子が好きなだけ食べてしまうという弱肉強食の世界になってしまいます。

ルールの基本

おかわりには，ルールが必要です。その基本的な考えは，２つです。

①残ったものは，みんなで平等にシェアし不公平感をなくすこと

②たくさん食べられる子，早く食べられる子が有利にならないようにすること

ルールが決まったら，決められたことを確実に守らせていくことが大切です。

傾向と対策

1 おかわりができる条件を決める

嫌いなものは残して，好きなものはたくさん食べたいというのが子どもたちの本音でしょう。しかし，学校では，いただく命を大切にするという観点から，配られたものは

第2章 学級がうまくまわる！係活動・当番スキル30

おかわり／ハード編

残さないようにしようと伝えていきます。そこで，「いただきます」の前に，自分で食べられる量を考え，調整するようにさせます。配られたものを全部食べることを，おかわりができる条件にします。こうして苦手なものもがんばって食べようとする意識を育てます。

2 おかわりができる時刻を設定する

早く食べ終わった子からおかわりができるようになっていると，早食い競争が始まります。そうならないために，おかわりができる時刻を設定します。例えば，「ごちそうさまの〇分前までは，早く食べ終わってもおかわりはできません」というようにします。

3 希望者を確認し，平等に分ける

おかわりができる時刻になったら，一番先に来た子には，「これを食べたい人は前に来てください」と必ず声をかけさせます。これは，早い者勝ちにしないためのルールです。前に来た子たちには，どうしたら平等にシェアできるか考え分配するようにさせます。この時，全部食べ切れていなくても食べ終わる自信がある子は参加できるようにします。

（髙橋　裕章）

第2章●学級がうまくまわる！係活動・当番スキル30

おかわり

おかわりのルールが定着すると，子どもたちの中に平等の意識や友だちに対する気配りの意識が生まれてきます。その後は，いただく命を大切にする意識を高め，日々のおかわりが楽しくなるような工夫が必要になります。

新たなルールとイベント的な取組を考える

教師側で決めたルールが定着したら，次は学級のみんなでルールを考えていきます。また，イベント的な取組を新たに持ち込むようにします。大切なことは，おかわりをしたいと思っても，なかなかそのチャンスが見いだせない子にもおかわりのチャンスをつくることです。

傾向と対策

1 デザートのルール

子どもたちは，デザートが大好きです。ところが，おかわりは完食してからが原則ですから，デザートを食べた後に，おかわりした分をまた食べるということが起こります。そこで，「デザートのおかわりは，他のおかわりが終わった後の給食終了5分前にしよう！」というようなルールを子どもたちが考えます。

第2章　学級がうまくまわる！ 係活動・当番スキル30

2　一人一口運動

子どもたちが頑張って食べているにもかかわらず，残ってしまう場合があります。そういう時は，当番の子が，「一口食べてくれる人いませんか？」と食缶を持ちながら声をかけて歩きます。一人一口運動です。食の細い子や女子も，一口だけなら頑張るということで協力してくれます。

3　レディースデー

高学年の女子の中には，ダイエットのためにおかわりをしない子やおかわりで並ぶことを嫌がる子も出てきます。体づくりの大切な時期ですから，女子も食べてもいいんだよという雰囲気づくりが大切です。そこで，「レディースデー」をつくり，女子におかわりの優先権を与えます。おかわりのイメージを少し変えることで温かい空気が生まれ，女子のおかわりに対する抵抗感を減らすことができます。男子には，その心配はあまり必要ないようですが，「メンズデー」もつくります。

4　完食デー

完食デーというのは一週間に一日だけ，配膳されたものを全て食べ切ろうという日です。週の始めにメニューを見ながら何曜日なら完食できそうか全員で考えます。学級全体で完食しようという意識をもつことで，いただく命を大切にしようという気持ちを育みます。また，食の細い子にも頑張って食べてもらえる活動になります。ただし，強制的に全部食べる日ということではありません。あくまでも，努力目標として取り組むものになります。　　（髙橋　裕章）

おかわり／ソフト編

第2章●学級がうまくまわる！ 係活動・当番スキル30
後片付け

　給食の後片付けは，工夫次第でそれ自体が楽しい活動になります。効率化して生み出した時間は学級の自由な時間として使うこともできます。しかし，ともすると仕事が滞り，雑然とした空気になってしまうこともあります。食後のひとときを気持ちよく過ごすには工夫が必要です。

効率化を阻むもの

　給食後，片付けが効率的に素早く行えない原因は2つ考えられます。「動線に無駄がある場合」と，「空白の時間が生まれる場合」です。前者は子どもたちにとってストレスになってしまいますし，後者は余計な失敗をさせてしまうことになります。

傾向と対策

1 動線を確認し，段取りを組む

　動線が一本になるように，お盆を持って右から順番に取っていくと配膳が終わるという流れをつくります。そして配膳が終わった直後に下膳の準備をしてしまいます。配膳の時とは逆に歩いて行けば，残食の処理と食器の片付け等が終わってしまうという配置になるわけです。

第2章 学級がうまくまわる！ 係活動・当番スキル30

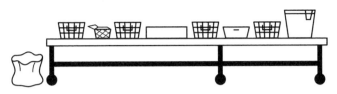

〈動線を一本化した配膳台の例〉

2 おかわりの条件を「片付け準備」とする

先ほど「配膳が終わった直後の下膳準備」と書きましたが，この仕事は給食当番がするわけではありません。おかわりをしたい子どもが行うというルールにします。ただし，下膳準備に参加しなければおかわりはできないというものではなく，あくまでも「おかわりをする気がある人は率先して動いてね」という程度のものです。おかわりがかかると，一生懸命に動きます。

3 時間を計る

「ごちそうさま」の挨拶の後に，掃除の準備と給食の片付けが同時に始まります。この時，ストップウォッチでごちそうさまから掃除開始までにかかった時間を計ります。効率的だったかどうかが「見える化」されることで工夫が始まります。「机を下げるのにロスがあったから，最初から座席を後ろにしておこう」「ストローの袋が飛んじゃうから，先に班の中で集めておこう」という具合です。役割分担が始まればしめたものです。

（藤原　友和）

第2章●学級がうまくまわる！ 係活動・当番スキル30

18 後片付け

給食の後片付けは混乱がおきやすい時間と言えるでしょう。給食当番の子はまだいいのですが，何も手を打たなければ当番ではない子には空白の時間が生まれてしまいます。途端に遊び始めてしまう子もいます。時間にしてわずか5分〜10分ですが，この時間の過ごし方で，学級の午後の雰囲気が全く違ったものになります。

意識の持ちようを変える

「仕事がないからなんとなくこの時間を過ごす」ことが遊んでしまったり，片付けに協力できなかったりする要因です。それならば，自分たちでできる楽しい活動を取り入れて，積極的に役割を果たすようにするのが生産的です。

傾向と対策

1 プロジェクトにして当事者意識をもたせる

「仕事だからしなさい」「静かに待っていなさい」という命令だけではなかなか当事者意識をもつことはできません。「会社活動やイベントの企画をする時間が欲しい」という声が上がったらしめたもの。給食当番が後片付けをしている時間を使ってはどうかと提案します。

第2章 学級がうまくまわる！ 係活動・当番スキル30

後片付け／ソフト編

2 節約した時間で係のイベントを楽しむ

　読書の時間や係活動の時間にして「全員で揃って何かをしている」状態をつくるとそのような問題は解決します。日替わりで「なぞなぞ会社」や「読み聞かせ会社」の活動時間にしたり，PTAレクで発表するダンスの練習時間にあてることが考えられます。給食当番の裏番組で楽しい活動をしていると，当番の仕事も早く終わらせようとしますので相乗効果を発揮します。

3 よさを紹介する

　これらの活動の様子は学級通信で紹介したり，通知表の所見に「学級での様子」として書いたりすることができます。生活をよりよいものにしようとしている姿ですので，積極的に取り上げて意欲につなげたいです。

（藤原　友和）

第2章●学級がうまくまわる！ 係活動・当番スキル30

19 給食密売

　子どもたちが自分たちの判断だけで給食を交換したり，「あげる／もらう」ということが行われたりすることがあります。また，給食配膳中に，特定の子に対してだけ「増やす・減らす」という優遇が行われることがあります。どちらの場面も，大きな問題としてとらえなければなりません。

クラス全体で考え，取り組む

　問題ある給食のやりとりは，多くの場合，こっそり行われます。そのため，その場面を見つけ，指導することが難しい場合があります。やりとりをしている子たちだけではなく，クラス全体が「自分たちだけで判断して，給食をやりとりすることはよくないこと」だと理解し，たくさんの目と心で見ていくこと，考えていくことが大切です。

傾向と対策

1 問題ある給食のやりとりの理由を探る

　問題ある給食のやりとりをしてしまうことには，もちろん理由があります。その理由によって対応が変わってきます。まずは，問題あるやりとりをしていた場面や，やりとりが行われた子どもたちの関係性を分析します。必要があ

れば,関係していた子や,まわりの子たちへの聞き取りもします。主な理由は,次の2つになります。

①子どもたちの中の関係性に大きな問題はないが,給食のやりとりの問題性に気づいていない。

②子どもたちの中に,上下関係(のようなもの)があり,いじめにつながる可能性もあるやりとりになっている。

2 なぜ問題なのかを伝える

どんな理由であれ,自分たちだけで判断して,給食をやりとりすることがなぜよくないことなのかを説明します。

①栄養バランス…給食は,一人一人の成長に必要な種類と量になっている。栄養のバランスを大事にしなければならない。

②不公平感…給食の量を「増やす・減らす」ということは,一部の子たちだけが自由にできるものではなく,平等に機会がなければならない。

③衛生上の問題…給食の配膳をマスクなどの身支度をして行うのは,衛生上の配慮が必要だから。その場以外での給食のやりとりには,その配慮がない。

3 深刻な問題につながると考え,指導する

子どもたちの中にある上下関係(のようなもの)が理由で,給食を交換させられたり,あげざるを得なかったりする場合は,いじめにつながる可能性があると判断します。人間関係の問題は,すぐに解決できることではありません。でも,指導は,すぐに始めなければなりません。様々な場面に目を配り,かかわっていきます。　　　　　　(大野　睦仁)

第2章●学級がうまくまわる！ 係活動・当番スキル30

給食密売

ソフト編

　問題ある給食のやりとりは，初期指導によって，なくなっていくことがほとんどです。年度当初に，「増やす・減らす」給食のルールを決め，徹底させていくことがまず大切です。それから，問題ある給食のやりとりが起きないようにするために，子どもたち自身にもできることを考えていきます。

自分たちでできることを考えていく

　問題ある給食のやりとりが起きないようにするために，子どもたち自身にもできることを考えたり，話し合ったりすることは大切です。担任も含めたクラス全体が「自分たちの教室は自分たちでつくっていく」という意識をもつことで，様々なトラブルを未然に防ぐことができます。

傾向と対策

1 「今日の献立紹介」で，栄養バランスを伝える

　子どもたち自身にもできることの一つとして，「今日の献立紹介」に取り組みます。献立は月ごとに予定が出ます。それをもとに，「いただきます」をする前，日直や担当する子ども（たち）がその日の献立を紹介します。

　自分（たち）はどの日の献立を紹介するのか，事前に確

認しておくことで,その日の献立の栄養バランスを調べておくことができます。

「今日の主食は○○,主菜は○○,副菜は○○,牛乳です。主菜の○○は,カルシウムが取れます。副菜の○○は,ビタミンが取れます。今日も栄養のバランスを考えて,しっかり食べましょう!」

「今日の献立」は,食育の点からも取り組み,給食をしっかりとることの必要性を毎日確認します。

2 子どもたちと一緒に給食を食べる

給食時間を学級事務にあてる時間として使っている場合があります。そのため,毎日は難しいかもしれませんが,給食を子どもたちと一緒に食べるようにします。その中で,給食のことを話題にしながら食べたり,子どもたちの給食をとる様子を知ったりします。

子どもたちが給食について考える場面になり,先生がみんなの給食のとり方について気にしていることを伝えるメッセージにもなります。

3 学級の安定感とつながっていることを自覚する

初期指導によって,問題ある給食のやりとりがなくなったとしても,学級が不安定な状態になると,再び起きることが考えられます。問題ある給食のやりとりは,学級の状態を表す一つの指針です。学級の状態が不安定に感じてきたら,給食の配膳やとり方に目を配る必要があります。逆に,問題ある給食のやりとりが再び起きてしまったら,学級の状態を振り返る必要があります。　　　　(大野　睦仁)

第2章●学級がうまくまわる！ 係活動・当番スキル30

21 立ち食い

　給食時間は，多くの子どもたちにとって楽しい時間です。しかし，楽しさのあまり指導しなければならないことが起きていきます。その代表的なものが，給食を食べている時や，食器の片付けの時に見られる立ち食いです。

「つい」やってしまう立ち食いが繰り返される

　高学年ですから，立ち食いがよくないことはわかっています。つまり，「つい」やってしまうことや，「ちょっとだけならいいや」と思ってやってしまうことがほとんどです。しかし，そういう状態は，繰り返されていくことが多いのです。やはり，食育や安全面などの観点から指導していかなければなりません。

傾向と対策

1 立ち食いがよくない理由をあらためて確認する

　立ち食いがよくない理由は，子どもたちがわかっていたとしても，あらためて確認します。繰り返し確認することが自分たちの行動を振り返る機会になります。「つい」「ちょっとだけならいいや」と思って，立ち食いをしてしまうことを繰り返さないようにしていきます。

理由1 食事のマナー…座る席がある中の立ち食いは，見

ていても，そばで食べていても，気持ちがよいものでない。給食時間は，その場にいるみんなが楽しく気持ちよく過ごすことが大切。

理由2 安全面の問題…「ごちそうさま」の後，まだ食べ終わっていないために，慌てて立ち食いをしながら食器を片付けていると，最悪の場合，食べ物を喉に詰まらせてしまうことも起きる可能性がある。

2 他の食事のマナーから考える

　食事のマナーとして立ち食いがよくないことだとわかっていても，実感できていないと，「つい」「ちょっとだけならいいや」と思って立ち食いをしてしまうことにつながります。そういう時は，他の食事のマナーから振り返らせます。例えば，以下のように伝えます。

> 「立ち食いでは，食事のマナーを実感できないかもしれないけれど，○○くんは，食べ物を口に入れながら話すことは嫌だなと思うんだよね？それと同じように，立ち食いを嫌だなと思う人がいるんだよ」

3 片付け方を工夫する

　「ごちそうさま」の後，慌てて立ち食いしながら食器を片付けている場面があります。

　①グループで食器ごとに分担して片付ける。
　②食べ終わっていない人がいれば待ってあげる。

　このような工夫をすると，片付け場面での立ち食いを減らしていくことができます。

（大野　睦仁）

第2章●学級がうまくまわる！ 係活動・当番スキル30

立ち食い

　子どもたちを取り巻く状況として，ファーストフード店や店頭販売が増えたことによって，立って食べるという食環境が日常化してきています。そのため，「立ち食い」に対して，あらためて考えていく必要があります。

子どもたち自身が考える

　立って食べる食環境が日常化してきているとはいえ，みんなが座って食事をとる給食時間での立ち食いは，やはり避けるべき行動です。日常的に立ち食いを経験している子どもたち自身が，立ち食いについて考えていくことで，食事のマナーの理解を深めていきます。

傾向と対策

1 立ち食いについて考える

　立ち食いについて，次の4点を柱にして話し合います。
　①立ち食いが許される時は，どんな時か？
　②立ち食いをしている場は，どんな場か？
　③学校の給食と，「その時」「その場」の違いは？
　④学校以外で，立ち食いを避けるべき時や場は？
　社会生活での立ち食いと，学校での立ち食いの違いを共有化することで，立ち食いをしないようにしていきます。

第2章 学級がうまくまわる！ 係活動・当番スキル30

立ち食い／ソフト編

2 「ランチミーティング」で楽しくゆったり会食する

グループで会話するテーマを決め，そのテーマに沿って会話しながら給食をとる「ランチミーティング」を定期的にもつようにします。

テーマは，子どもたちと相談しながら決めたり，担当する子（たち）を決めて任せたりします。掲示板にあらかじめ書いておくようにし，「いただきます」の前に，一言「今日は，ランチミーティングの日です」とつけ加えるようにします。

〈テーマ例〉
最近はまっていること／お気に入りのもの／
めちゃくちゃ笑ったこと／今欲しいもの

グループの中で，楽しくゆったり食べる時間を積み重ねることで，立ち食いをする雰囲気をなくしていきます。

3 「マナー講座」を開催する

食事の「マナー講座」を開催します。学級活動の時間や，給食を食べ始める前の少しの時間を使って，様々な食事のマナーを紹介していきます。箸の使い方では，実際に体験することも取り入れて，講座を進めます。

〈マナー例〉
肘をつきながら食べる／嫌がられる箸の使い方／
食べ物を口に入れながら話す／汁や食べ残しがあるまま片付ける／食事中に相応しくない話

立ち食い以外のマナーを知ることで，あらためて立ち食いのマナーについても考えることができます。（大野　睦仁）

第2章●学級がうまくまわる！ 係活動・当番スキル30

清掃当番

「ぼく，国語が大好きだよ」という子どもはいますが，「私，掃除大好き！」という子どもは多くありません。丁寧に取り組む子どもはいますが，「しなくてもいいなら，やりたくない」というのが清掃当番に対する本音です。

やらねばならないものがあることを実感させる

子どもたちにとって清掃当番は，「面倒だけど，やらねばならないもの」の最たるものです。まずは，それを理解させる必要があります。その上で「どうせやるならきれいに，素早く」取り組ませます。

傾向と対策

1 一緒に取り組む

高学年とはいえ，最初のうちは子どもと一緒に掃除をします。「面倒だ」という思いに理解を示しながらも，担任が手を抜かずにきれいに仕上げるのです。その姿が，掃除に対する子どもたちの思いを少しずつ変えていきます。担任が進んで範を示すことには大きな効果があります。

2 清掃の仕方を具体的に教える

何をどのようにどこまでするのかを子どもたち同士で共通理解できずに，曖昧であることが清掃当番を嫌う要因の

一つです。共に清掃しながら,次の2点を指導します。

①用具の使い方・片付け方

家では掃除機を使うことが多いので,ほうきや雑巾の正しい使い方は高学年でもわかっていないのが実情です。使い方や後片付けの仕方を確実に理解させることで,用具は長持ちし,気持ちよく掃除することができます。

②掃き方・拭き方

四角い教室を円く掃いたり,物を除けずに雑巾がけをしたりすることを防ぐため,丁寧に指導します。埃がなくなっていく過程を一緒に経験することで,きれいな教室にする気持ちよさを実感させます。また,同時に,ほうきや雑巾を持ってなんとなく過ごすようなことがないようにし,集中してやることで時間がかからないことも指導していきます。

3 つなぎ部分の空白を埋める

清掃の仕方を一つ一つマスターさせながら,役割分担ごとに順番通り行うようにも指導します。例えば,「給食台付近の汚れを拭く→床を掃く→床を拭く→机を元通りにする」という順番で行うことを共通理解させるわけです。このとき,つなぎ部分(矢印の部分)の行動にも注目させます。ここをスムーズにし,スピード感を生み出すことで,時間のロスをなくすことが目的です。「床掃き終了!次,床拭きをどうぞ!」などと担任が声をかけ,テキパキとした動きを習慣づけ,素早くこなすことのよさを実感させていきます。

(山口 淳一)

第2章●学級がうまくまわる！ 係活動・当番スキル30

清掃当番

　清掃のよさを頭では理解していても，担任の目が離れてしまうとついつい油断してしまうのが高学年です。「誰かがやるだろう」「ただその場にいればいい」という意識の掃除では，なんとなく時間だけが過ぎてしまいます。また，しっかりやっている子どもにしてみれば「一所懸命やっても，怠けていても同じこと」であるなら，報われません。

掃除に対して前向きな気持ちを育てる

　掃除当番は，ほぼ毎日繰り返される営みです。だからこそ，がんばったことが仲間に的確に評価されるような時間にしていきます。それには，掃除に対する前向きな気持ちを育てていくしかけが重要です。

傾向と対策

1　一定時間内で終わることを目標にする

　漫然と掃除を始めるのではなく，何分で掃除を終わらせるかを決めてからスタートします。掃除が始まってから決めるのではその分時間がかかってしまうので，給食時間などにあらかじめ話し合って決めておき，タイマーをセットしておきます。掃除の時間になったら，スタートボタンを押すだけですぐに始められます。また，時間を見ながら取

第2章　学級がうまくまわる！　係活動・当番スキル30

り組むことができるので，「もう床拭きが終わらなきゃならない時間だよ！急ごう！」などと，作業中に子どもたちが時間の見通しをもって掃除することができます。

2 ポジティブに振り返る

掃除直後にグループで振り返りをします。ただし，サボりをチェックし合うためのものではありません。

①時間内に達成できた（できなかった）理由

②もっとよくなる点

③めあて達成のために一番がんばっていた人

等の次回に向けてポジティブな内容にします。②で考えた具体策は，掲示板や画用紙に書いて可視化しておきます。掃除への取組の重点が学級全体でも共有できるからです。③はメンバーの様子を互いに見合う意図があります。

最初は評価される子どもが固定されがちですが，続けていくことで他の子のよさを見つけたり，自分も認められようと意欲的に取り組んだりする姿が見られるようになります。

（山口　淳一）

第2章●学級がうまくまわる！ 係活動・当番スキル30

ほうきの使い方

　高性能の掃除機が出回っている昨今，家庭でほうきを使用することはほぼなくなりました。せいぜい玄関や庭で使用する程度で，教室や廊下のような広い場所を「掃く」経験のない子がほとんどです。

ほうきの役割

　ごみを飛ばすように掃く子を見かけますが，ほうきはごみを「ずらす」「移動させる」道具です。道具を適切に扱えなければ，早くきれいに掃除をすることはできません。「ちゃんと掃除をしなさい！」「丁寧にやりなさい！」と言う前に，「ちゃんと」「丁寧に」掃除ができる基本的技術を教えなくてはなりません。

傾向と対策

1 ほうきの役割を教える

　ほうきがごみを「ずらす」「移動させる」道具であるのを理解させるためには，実演して見せるのが効果的です。教室の一角に5cm位に切った色画用紙などを散らします。そして力いっぱいほうきを振り回して色画用紙を飛ばします。色画用紙のいくつかは空を舞い，いくつかは辺りに散らばります。教室は最初よりも散らかります。

第2章　学級がうまくまわる！　係活動・当番スキル30

　次に，ほうきを振り回さず，穂を床につけた状態で撫でるようにずらしていきます。色画用紙が順々に移動し，散らからずに集めることができます。

2 ほうきの持ち方や動かし方を教える

①ほうきの持ち方

　進行方向に対し垂直に立ちます。そして，柄の上の方をイラストのように握ります。下を持ちすぎると柄が腕の動きの邪魔をし，柔軟に手を動かすことができません。柄の短いほうきを片手でうまく扱えない子には，もう片方の手を添えさせます。

②ほうきの動かし方

　ほうきの穂は斜めにカットされています。短くカットされた方を手前側に向けて持ち，進行方向と平行になるように穂を床につけます。そして，常にすべての穂が床に接する状態を保ちながら掃いていきます。ほうきの扱いに慣れていない子にとっては力加減が難しく，軽く滑るように掃くだけではごみは穂をすり抜けてしまいます。手を添えて，ちょうどよい力加減を教えます。　　　　　　（宇野　弘恵）

第2章●学級がうまくまわる！ 係活動・当番スキル30

ほうきの使い方

そうは言っても、ほうきできれいにごみを掃くのは、なかなか難しいものです。掃除が終わって床を見るとごみだらけ……ということもよくあることです。

効率的な掃除の仕方

掃く人の数や並び方は、効率よく掃除をするのに適正でしょうか。また、どこをどんなふうに掃けばきれいになるのか、子どもたちに意識されているでしょうか。

傾向と対策

1 掃き残さないように並ばせる

ほうきを持つ子は3名ほどが適正人数。これ以下だと掃き漏らしが出るし、多くてもさほど効果は変わりません。

3名が一列になり、全員が同じところを掃いていきます。つまり、先頭の子が掃いたところを、2番目、3番目と後ろに続く子も掃いていくのです。先頭の子が掃き漏らしたものを2番目の子が、そこでの掃き漏らしを3番目の子が掃くことになります。

進み方の基本は、前から後ろ。入口の一番端に先頭の子を立たせ、端まで行ったら折り返させます。

第2章　学級がうまくまわる！　係活動・当番スキル30

2　掃き残さないように使わせる

　四角い部屋を円く掃かせないためには，物をよけて掃かせることです。先頭の子が物をよけ，3番目の子が物を元の位置に戻すとスムーズです。狭い場所や隅は，ほうきの穂先だけを使ってごみを掻き出すことを教えます。

　また，一般的なほうきだけではなく，モップや自在ぼうき，ろぼうきを使い分けるのも効果的です。仕上げとしてモップや自在ぼうきをかけると小さな塵やほこりが取れますし，ろぼうきは集めたごみをきれいに取るのに便利です。

3　よい状態に保つ

　ほうきは吊るして保管します。床についたまま放置すると，穂先が曲がって使いにくくなります。万が一曲がってしまった場合は，水を張ったバケツに一晩穂先を浸けます。その後吊るして乾かすと，ある程度まっすぐに戻ります。

（宇野　弘恵）

第2章●学級がうまくまわる！ 係活動・当番スキル30

雑巾がけ

用具類が揃っていなくても，雑巾1枚あれば，学校中がピカピカになります。雑巾は，汚れや清掃箇所に応じて様々な使い方ができる，大変便利なアイテムです。

雑巾がけの強み

ほうきなど他の掃除道具ではきれいにできないような部分を美しく仕上げられるのが，雑巾がけの強みです。

傾向と対策

1 雑巾の特徴と使い分け

基本的な使い方が身につかないまま学年が上がってきている子も珍しくありません。年度始めに，その特徴と使い分けについて確認し，自分で判断できるよう指導します。

①かわいた雑巾（カラ拭き）

綿埃に有効です。本棚やロッカー，テレビやラジカセ，児童用PCや実物投影機などのICT機器の表面や裏側，鏡やガラスの仕上げ拭きの際に使うのが効果的です。

②ぬらした雑巾（水拭き）

土や砂埃・手垢や水垢・食べ物の汚れなどに有効です。効果的な箇所は，床・壁・ドア・手すり・黒板のふち・チョークの粉受け・机や椅子など，多岐にわたります。

第2章 学級がうまくまわる！ 係活動・当番スキル30

2 雑巾の絞り方・持ち方

　縦長に折った雑巾を，両手で縦に持ちます。利き手を手前に，手の甲が見えるようにひじを伸ばしながら，滴が出なくなるまで絞ります。そして，自分の掌がちょうど収まる大きさに折り畳んで使います。時折，高学年になっても雑巾を丸めたままだんごを潰すように絞ろうとしたり，自分の手の大きさに関係なく広げて使おうとしたりする子がいます。正しい絞り方・持ち方を伝えていきます。

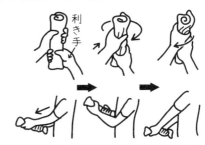

3 雑巾の動かし方

　拭き残しがないように雑巾を動かすのがポイントです。児童用の机等は，まず全体のふちの部分を拭き上げ，それから左右へ一直線に行ったり来たりと動かしながら拭いていくと，まんべんなく仕上げることができます。頑固な汚れは，細かい動きでしっかりとするように拭きます。また，棚の奥などの直角の部分まで拭く・複雑な部位（黒板消しクリーナーの裏側等）を見逃さないなど，細やかな目配りをもって作業できる子が必ずいます。そういった姿を見逃さず全体へ紹介し，目の届きにくい所にこそ埃や汚れがたまり，拭き取る必要があることに気づかせます。

　　　　　　　　　　　　　　　　　　　　（鹿野　哲子）

第2章●学級がうまくまわる！ 係活動・当番スキル30
雑巾がけ

ソフト編

「基本的な使い方」といっても，その用途・絞り方・持ち方・目の配り方・動かし方があります。高学年だから"できて当たり前"ではなく，指導すべきことを細分化し，一つ一つ丁寧に教えることが大切です。

雑巾がけの弱み

慣れてくれば，雑巾がけは楽しいと言って取り組む子がほとんどです。しかし，以下の理由によって作業から遠ざかろうとしたり飽きてしまったりする子も見受けられます。

①雑巾を汚いものとして考える
②雑巾を洗うのが，苦手
③単純作業が面白くない

傾向と対策

1 臭いを残さない

"雑巾臭"は，臭いの元となるタンパク汚れが原因です。給食の後など床に食べ物や牛乳の滴が落ちてしまうことがありますが，いきなり雑巾を使うと臭いが残ります。ティッシュやトイレットペーパー，小さく切った新聞紙等で，それらを拭き取ってから使うよう，声をかけます。

2 洗えばいくらでも蘇る

全体を水でぬらして洗ったつもりになっている子がいます。繊維の中の汚れを浮き出すイメージで,すすぎ洗い・こすり洗いを組み合わせながら洗うことを伝えます。よい香りの洗剤を使用すると喜びます。しっかり洗った後はシワを伸ばし天日干しします。

3 出し惜しみしない

雑巾をすり切れるまで大切に使うのはよいことですが,古くなりすぎると何度洗っても臭いますし,衛生的ではありません。見切りをつけることも大切です。ストックは教師の方で用意し,新しい雑巾で気持ちよく作業させます。

4 お掃除(雑巾)イベントをしかける

これまで述べてきた指導は日常的に行いますが,家庭科「掃除の仕方」の学習では,丁寧な説明・確認とともに,子どもたちが楽しみながら取り組めるイベントもしかけます。掃除の仕方について班ごとにプレゼンを行う『クリーン大作戦コンペ』,汚れを効率よく拭き取れるかを競う『チーム対抗雑巾リレー』,白い雑巾に手形がつくかどうかをゲーム感覚で競う『雑巾名人は誰だ』などです。"雑巾がけは奥が深い"等の感想が聞かれます。　　(鹿野　哲子)

第2章●学級がうまくまわる！ 係活動・当番スキル30

サボる子

　係や当番活動をサボっている子を見かけることがあります。サボることが日常的になると，係や当番が機能しなくなり，学校生活に支障をきたすため，すぐ対策をとります。

サボる理由

　サボる理由として，忘れる，やることがわからない，他のことを優先してしまう等が考えられます。対策をとることで，これらを防ぎ，サボらないようにします。

傾向と対策

1 掲示物を1か所に集める

　係や当番，委員会などの当番表を1か所に集めて掲示します。忘れたり，やることがわからなくなったりしても，すぐに確認できるようにします。

2 当番メモを活用する

　サボる子への個別的なかかわりとして，係や当番を行う時間・内容をメモする「当番メモ（図を参照）」を活用します。「当番メモ」に書くことで活動時間・内容を確認し，一日の時間管理につなげ，サボることを防ぎます。活用の手順は次の通りです。

第2章 学級がうまくまわる！ 係活動・当番スキル30

①当番メモとそれを貼る画用紙を用意する。②サボる子に書き方を説明する。③放課後，その子の机上に「当番メモ」を置く。④登校後，その子は掲示物で活動時間・内容を確認し，「当番メモ」に書く。⑤メモした「当番メモ」を画用紙に貼り，机の横に掛ける等確認できるようにする。⑥役割が終わったら「当番メモ」を使い担任と振り返りをする。⑦「③〜⑥」を繰り返す。

当番メモ				
○月○日　名前○○○○			
順序	仕事	時間・内容	チェック
1	黒板	1・2時間目	
3	給食	おぼん	
4	清掃	ほうき	
2	放送委員	中休み	

子どもの実態に応じて，「当番メモ」を確認するよう声をかけたり，子ども自身に任せたりします。活動をサボる様子が見られなくなった場合，「当番メモ」をやめ，掲示物での確認だけにします。

なお，「サボる子」が複数いる場合には，担任だけでは対応し切れないこともあります。その場合，隣の席の子や，同じ係や当番の子に声かけを手伝ってもらいます。

3 相談する

ルールや決まりにあえて反抗する反社会的な行動として「サボる」等，防ごうとしても防げない場合もあります。そのような場合でも，「今日の担当○○だよ」等と役割は必ず伝え続け，クラスの一員であることを意識させます。また，決して一人で抱え込まず，学年団の先生や管理職に相談し，必ず複数で対応するようにします。（三浦　将大）

第2章●学級がうまくまわる！ 係活動・当番スキル30

サボる子

ソフト編

「めんどうくさい」「こんな活動やりたくない」，そんな思いが「サボること」につながる場合があります。

やってみたいと思わせる

「当番なんだからやりなさい」という声かけだけでは，すべての子どものやる気を引き出すことはできません。子どもが自ら活動に取り組むきっかけをつくり，「やってみたい」「よしやろう」という思いをもたせます。

傾向と対策

1 やる気を引き出す

がんばった成果が見えるようにしたり，役割を与えたりして，子どものやる気を引き出します。

清掃活動を例に紹介します。

①メラミンスポンジ
（百円ショップやドラッグストアで購入できます）

メラミンスポンジで机や壁をこすると，

メラミンスポンジ

第2章　学級がうまくまわる！係活動・当番スキル30

簡単に汚れを落とすことができます。明らかにきれいになるため，自分のがんばりを実感でき，いろいろなところをきれいにしようとします。

②清掃リーダー

　清掃時に交代で清掃リーダーになってもらいます。清掃リーダーには，「リーダー」と書かれたネームホルダーをつけてもらい，リーダーであることを意識させます。しっかり清掃を行っているか，やり残しはないか等を，リーダー自身も清掃をしながらチェックします。リーダーという立場でみんなの清掃の様子を見ることで，自分の清掃への取り組み方も見直せるようにします。

　清掃後の振り返りでは，「リーダーから一言」のコーナーを設け，清掃活動の様子を話してもらいます。

2　周囲の子に配慮する

　「サボる子」がいる一方，いつも真面目に一生懸命活動に取り組んでいる子たちもいます。そんな子たちへの配慮を決して怠らないようにします。

　活動中に，「いつもありがとう」「今日も一生懸命やってくれているね」等と声をかけたり，全体の場でほめたりと，認めることを欠かさないようにします。認めることで，サボる子にとってのよいお手本を示すことになります。そして，自分のことをちゃんと見てくれているという思いをもたせ，信頼関係を築くことにもつなげます。周囲の子たちとの信頼関係があることで，サボる子への対応が安心して行えます。

（三浦　将大）

安心感と機能性を高める！
教室環境スキル10

第3章●安心感と機能性を高める！ 教室環境スキル10

教室に置く文房具

共用の文房具には様々な種類があります。効果的に学習を進めるために，保管場所や使用の約束を明確にします。また，「みんなで公平に使う」ための配慮も欠かせません。

文房具を置く意義

どのような文房具をどれだけ置くのかは，教師の判断になります。しかし，教師自身がその文房具を教室に置いた意図を明確にしておかなければ，道具本来の役割を果たすことができません。

傾向と対策

1 文房具の種類と使用目的

文房具は，それぞれ使用目的や使用頻度が異なります。ここでは大きく4つの種類に分類し，効果的に使うための約束事等を考えます。

①筆記用具（鉛筆・定規・ネームペン・修正テープ等）

これらは，主に忘れ物をした児童が使用します。また，修正テープのような，「全員が用意しなくてもよい約束になっている道具」も入れています。すぐに取り出しやすいような場所に保管するとよいでしょう。また，これらの文房具は子どものものと混合しやすいので，1つ1つ記名し

第3章　安心感と機能性を高める！　教室環境スキル10

ます。

②工作用具（はさみ・のり・テープ・カッター等）

　これらは主に図画工作の時間に使用します。また，刃物もありますので，安全面の配慮も欠かせません。教師の机の引き出しに入れ，必要な時に必要な分だけ貸すようにします。回収も確実に行います。

③交流用具（コメント書き用ふせん・スタンプ等）

　これらは，鑑賞の時間に互いにコメントを書いて見合う場面で使用します。使用頻度が低いので，教師用の棚やその周辺を整理して保管し，使う時だけ渡します。ふせんは何色かあると目的に応じて使い分けられます。

④グループ活動用具（50cm定規・雑紙・水性ペン等）

　これらは主にグループ活動の際に使用します。画用紙にきれいな直線を引いたり，ペンできれいに彩色したりすることができます。また，様々なサイズの雑紙を用意しておくと，本番と同様の下書きを書くことができ，完成作品を具体的にイメージできます。

2　判断は子どもに委ねる

　高学年は，よりよい方法を模索し，自ら判断することも学習の一つです。ですから，子どもから「貸して下さい」という声が上がった際に使用させることが望ましいです。

　また，時間で道具を交換させたり，長時間独占させないようにしたりするなど，学級全体に公平感をもたせることも大切です。

（鈴木　綾）

第3章●安心感と機能性を高める! 教室環境スキル10

教室に置く文房具 ソフト編

　子どもは一人ひとり自分の文房具を用意しています。ですから，教師の特別な用意がなくても基本的には学習に支障ありません。しかし，子どもがよりよい方法を模索しながら楽しく学習するためには，様々な工夫が必要です。

創意工夫する心が育つ教室づくり

　文房具は大きく分けて"ないと困るもの"と"なくても困らないけれど，あると助かるもの"に分けられます。鉛筆や消しゴムはないと授業に支障を及ぼしますが，水性ペンはなくても問題なく授業を行えます。ですが，この"なくても困らないけど，あると助かるもの"こそ，子どもが創意工夫を凝らしたり，楽しく学習を進めたりする上では必要不可欠なものと言えます。

傾向と対策

1 "ないと困るな"に備える

　鉛筆や消しゴム等，ないと困る道具を子どもが忘れてしまうこともあります。その時に"あると助かるもの"が鉛筆・消しゴム・赤ペン・定規の4点セットです。子ども自身が借りたい旨を報告することを条件とし，使い終わったら元の場所にきちんと戻すことを約束して貸し出します。

第3章 安心感と機能性を高める！ 教室環境スキル10

他にも，下敷きやノートのコピー等，日常的に使用するものを置いておくとよいでしょう。子どもが意欲をもって学習に参加することができるよう，創意工夫以前の準備を整えます。

2 "あったらいいな"に備える

「アンケート結果をわかりやすく伝えたいな」「画用紙に長い直線をきれいに書きたいな」など，"もっと○○したい"を叶えるためには，お助け道具の備えが必要です。この備えがあればあるほど，子どものやる気を高めます。

①電卓

計算が苦手な子も進んでデータを活用できるようにする道具が電卓です。この備えがあれば，グラフ等を活用しようとする意欲を引き出すことができます。また，毎日行うミニテストの平均を数値化することも，「今日は平均より高いな」「今日は平均以下だったから明日がんばろう」と明日への目標が明確化するので有効です。

②キッチンタイマー

教師が時間を計ったり子どもに提示したりする場面で，主に使用しますが，発表練習の際に子どもが使用することも有効です。「この原稿を何秒で読むと聞きやすいかな」「持ち時間に収まるかな」等，発表を振り返る手立てになります。また，時間を計測し合えば，話す速さも確認できます。このように工夫して練習することで，発表する楽しさを感じさせ，質を高めることにもつながります。

（鈴木　綾）

第3章●安心感と機能性を高める！ 教室環境スキル10

掲示物

掲示は大切な教室環境の一つです。整然として機能的であることがまず第一に求められます。

掲示の技術

高学年となると子どもたちが自分の手で掲示活動を行うことが多くなります。この時に誰が担当となっても，整然として機能的な掲示ができるように，その技術を学級文化として共有することが大切です。

傾向と対策

1 画鋲は斜めにさす

多くの場合，画鋲の頭を壁面に水平に押してさします。

すると，取る時に壁面と画鋲の頭の部分との間に隙間がなく大変です。画鋲をさす時は，頭の部分が下から上に向かって開くように斜めにさします。こうすると，上からかかる紙の重さをしっかりと受け止め，頑丈に留めることができ，なおかつ取りやすくなります。

また，画鋲抜きがない場合は，はさみで画鋲の針を挟むように差し込み，「てこの原理」で持ち手を持ち上げると簡単に取ることができます。

第3章　安心感と機能性を高める！　教室環境スキル10

2　教室の壁面に糸を渡す

　図工の絵や，書写などの作品を貼るとどうしても曲がってしまうことがあります。このようなことを防ぐためには，作品の頭を揃えることが大切です。あらかじめ作品を掲示する壁面に横一直線にたこ糸を渡しておきます。掲示する際に作品の頭をその糸に合わせて貼るようにすると，真っ直ぐに作品を並べることができます。

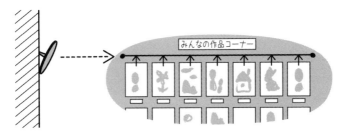

3　美しく機能的に掲示する工夫

　掲示物は，短期間掲示するものと長期にわたって掲示するもの，そして，入れ替わりながら長期間掲示するものの3つに分類できます。これらを常に美しく保つためには一工夫が必要です。

　入れ替わりながら長期間掲示することになるお便り類，学習の記録などは，クリアファイルかA4サイズの透明な袋に入れて掲示します。もちろん中身が今の子どもたちの様子を伝えるものであるかのチェックは常に必要です。長期にわたって使う日課表やタイトルなどは，ラミネートすることで美しく使い続けることができます。

（新川　宏子）

第3章●安心感と機能性を高める！ 教室環境スキル10

4 掲示物

子どもたちは環境を呼吸して生活しています。そう考えると，掲示は整然としていて機能的なだけではなく，子どもたちの今を映し出すものでなければなりません。

掲示してからが大切

時期が過ぎているポスターがそのままになっているのを見かけることがあります。また，掲示物の画鋲が外れたままや，破れたままということもあります。掲示はいかに貼るかということも大切ですが，同時に鮮度を保ちながら維持管理していく視点も大切なのです。

傾向と対策

1 真逆を想定してなぜ？を考える

学級開きの段階で，自分たちがどんな環境で生活していきたいのか？そのために何ができるのか？を考えます。考える視点としては，「もし自分の掲示物が破れたまま放置されていたら？」「作品に落書きされていたら？」など，良い状態の真逆を想定することがポイントです。先生に言われるからきちんとするのではなく，自分たちで必要性を感じて自主的に動けるように働きかけることが大切です。

第3章 安心感と機能性を高める！ 教室環境スキル10

掲示物／ソフト編

2 掲示物の有効期限を決める

ある一定の掲示期間を終えたら用をなさなくなる掲示物があります。このようなものは掲示する際に，下の方に赤字で「外してもいい日にち」を書いてから掲示します。そして，その日が来たら誰が外しても良いこととします。また，掲示している学習プリントも同様に，単元の学習が終わって，一定の期間が経過したらフラットファイルに移動し，保存します。掲示の期間を決めることで，だらだらと掲示し続けることを防ぐことができます。

3 子どもに任せる部分を作る

係活動として掲示係を置き，積極的に掲示に関わる活動をさせます。定期的に活動することにより，掲示物を貼ったり外したりするだけでなく，掲示物の更新や，新しいものを作ることで新鮮な内容を保つことができます。季節の飾りや，メッセージ，誕生日カレンダーなど，低学年には難しい掲示も高学年には可能です。色画用紙や折り紙などを教室内にストックし，掲示を作る必要性を感じた時にすぐ活動できるよう準備しておきます。 　　　　　（新川　宏子）

第3章●安心感と機能性を高める！ 教室環境スキル10

棚の使い方

　棚からものがはみ出していたり，紙や作品が乱雑に詰め込まれていたりするのを見かけます。また，大量の段ボールが置かれている棚もあちこちで見かけます。

　「収納スペースが少ない」「ものが多すぎて入りきらない」という不満もよく耳にしますが，教室が乱雑な理由はそれだけでしょうか。限られたスペースをうまく使って，見た目もすっきりと機能的にものを管理しましょう。

棚の種類

　棚には，扉などが付いた「見えない棚」と，そうではないオープンな「見える棚」があります。これらをどこに配置するのか，どこに何をしまうかを考え計画的に使用することが，教室環境を整えるポイントの一つです。

傾向と対策

1　教師が使うものは「見えない棚」に入れる

　教師の私物も含め，主に教師が使うものや管理するものは「見えない棚」に収納します。基本的に教師が使用するものですから，普段教師がいることの多い場所に設置するのがよいでしょう。

第3章 安心感と機能性を高める! 教室環境スキル10

【上方の棚】使用頻度の低いもの
・教材の予備 ・特殊教材(自作の教材) ・粘土
・絵の具セット ・裁縫セット

【中間の棚】使用頻度が高いもの
・教師用教科書 ・フラッシュカード等よく使う教材
・本 ・音楽CD ・画用紙などの紙類 ・チョーク入れ

【下方の棚】使用頻度が低いもの,保管するもの
・予備の文具や備品 ・作文など一時保管の作品

年度初めの教室引越しの後,整理し終えた棚の中の写真を撮っておくと便利です。年度途中の整理整頓や翌年新しい教室に荷物を運び込んだ時,画像を見ながら片付けると作業がスムーズに進みます。

2 「見えない棚」は勝手に使わせない

「見えない棚」のものは,基本的に教師のものです。よって勝手に開けないことを約束事とし,中のものを使う場合は教師の許可を得てからというルールを徹底します。

3 「見えない棚」がなければ作る

教室にはオープンの「見える棚」しかないということもあります。その場合は,布を棚の表面に貼って目隠しをします。布はできるだけ無地で壁に近い色を選び,端を縫います。棚に付ける場合は,テープや画鋲を使用します。こうすれば見た目がすっきりするだけでなく,色目が揃って落ち着いた雰囲気になります。

(宇野 弘恵)

第3章●安心感と機能性を高める！ 教室環境スキル10

棚の使い方

整然と見えるようにすべての棚を「見えない棚」としてしまえばよいかと言うと，決してそうではありません。教室には「見える棚」も必要なのです。

乱れやすい「見える棚」

誰もが自由に出し入れできる「見える棚」は，乱雑になりがちです。しかし，そうならないように教師が常に気を配っていられるわけではありません。

係の子に毎日整えさせるほどのことでもありません。格段の配慮がなくとも，整然とした状態が維持できるような工夫が必要です。

傾向と対策

1 何を置くかを考える

「みんなが使う」「頻度の高いもの」がキーワードの棚には，教師の許可なく自由に使っても問題のないものを置きます。

例えば，マジックや鉛筆削り，100ます計算のプリントや落書き用の古紙等です。

忘れた子に貸し出すノートのコピーや文具類は，教師に一声かけてから持ち出させるようにします。

第3章 安心感と機能性を高める！ 教室環境スキル10

棚の使い方／ソフト編

2 どう置くかを考える

「プリントの棚」「文具のコーナー」のように，ある程度分類して置くことが利便性を高めます。

①ケースに入れる

バラバラになりやすいプリント類は，ケースに入れて保管します。蓋つきのものを使用すれば，上に重ねられて便利です。

プリント類の入っている棚

②ラベリングする

ラベリングしているケース

どこに何があるかが一目でわかるようにします。使用したものを戻す時にも迷いません。

③モデルを掲示する

学級文庫を置いている棚

正しい状態の画像を棚のそばに掲示します。これに倣って片付けさせます。

3 どこに置くかを考える

誰がいつ使用するかが見えるように，みんなの視界に入る場所に棚を設置します。

使いやすいだけではなく，不正行為（棚への物隠しや必要以上の持ち出しなど）を防ぐことにもつながります。

（宇野　弘恵）

第3章●安心感と機能性を高める！ 教室環境スキル10

学級文庫

子どもたちにとって身近な教室環境。その中に，学級文庫を設置し，読書の環境を整え活用することで，子どもたちに読書習慣の定着を促します。

学級文庫の活用

気軽に本を手に取り，読書に親しむために学級文庫を設置します。

設置にあたっては，3つのポイントがあります。

①本の確保　②時間の確保　③本の管理

傾向と対策

1 本の確保

子どもたちに様々な本を読んでもらうためには，様々な本を学級に用意しなければなりません。

①学校の図書室を活用する

身近な学校の図書室を活用することによって，本の数を確保することができます。

また，子どもたちの興味・関心によって入れ替えることが比較的容易にできます。利用する際は，管理されている先生への声かけをしておきます。

第3章 安心感と機能性を高める！ 教室環境スキル10

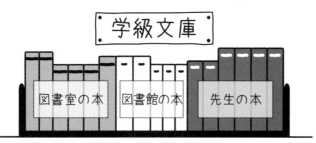

②外部図書館を活用する

外部図書館の方に「〇年生にふさわしい本を」とリクエストすれば，きっと協力してくれるはずです。また，つながりをもつことで，本を廃棄する際に優先的に本を寄贈していただくことも可能になるかもしれません。

③担任の本を活用する

担任が持っている本の中から選んで教室に持ち込みます。絵本や小説など，新しい本に出合う機会を提示します。

借りている本は，設置期間が限られています。そのため，区別して置くことで返却を忘れることも防げます。

2 時間の確保

読書の時間を増やすため，朝の時間やテストの後の時間など，学校の時間割の中に，学校やクラスの実態に応じて読書時間を確保します。その際，立ち歩くことがないように事前に本を机の中に入れると気が散ることもありません。

3 本の管理

本の管理は，高学年ですから係や当番に組み込み，子どもたちに任せます。気軽に本を手に取るため，システムもできるだけ簡単なものにしましょう。　　　　（木下　尊徳）

学級文庫

第3章●安心感と機能性を高める！ 教室環境スキル10

ソフト編

 子どもたちに読書習慣を定着させるためには，学級文庫を設置することに加えて，子どもたちが「本を読んでみようかな？」と思える工夫が必要です。

読書のきっかけづくり

 子どもたちが自発的に読書に取り組むためには，2つのことが必要です。1つ目は，読書の必要性を感じること。2つ目は，読書の楽しさを感じること。学級文庫は，誰もが手軽に読書に親しめるようにするために設置します。そこで，読書が苦手な子どもでも親しめるように，特に2つ目の楽しさを感じられるような配慮が必要です。

傾向と対策

1 本を読み聞かせる

 読書の経験を積み重ねるために，本を読んで聞かせます。学級文庫の本を読み聞かせることで，本をより身近に感じ，読書習慣へとつなげることができます。もしも，時間を取るのが難しいのであれば，時間を区切って，何回かに分けて読み聞かせるなどの工夫をすることもできます。時間を区切るので，長い小説でも読み聞かせることができます。

第3章 安心感と機能性を高める！ 教室環境スキル10

学級文庫／ソフト編

2 本を紹介する

おすすめと言われると，その本についつい手が伸びます。そこで，おすすめの本を紹介し合う機会をもちます。

①先生から本を紹介する

先生からの紹介は，本を別の場所に設置して紹介します。100円ショップで売っている小型イーゼルを活用したり，1冊だけよけて置いたり，特別感を出すだけで，「読んでみようかな」という興味が生まれます。おすすめのコメントをつける時は，できるだけ手短に書きます。

②子ども同士で本を紹介する

子どもたち同士の本の紹介は，カードに書いて紹介します。全員の紹介する本を設置する場所の確保が難しいためです。自分が読んでの感想やおすすめポイントを，カードに書いてウォールポケットに入れていきます。そうすることで，お互いの興味をもっていることや好きなジャンル，お気に入りの本などがわかり，次の読書に取り組もうとする意欲の喚起につながります。

（木下　尊徳）

第3章●安心感と機能性を高める！ 教室環境スキル10

風邪流行対策

2学期の後半から3学期にかけて，風邪やインフルエンザなどの集団感染が心配されます。集団感染を防いで元気な学校生活を送るには，どのような配慮が必要なのでしょうか。

風邪流行対策の種類

大きく分けて「家庭への協力依頼」と「学校での感染予防」があります。学級通信等で配慮をお願いすると共に，教室においては広がらないような環境づくりをします。なお，感染経路には①空気感染，②飛沫感染，③接触感染，④経口感染があるとされています。環境づくりはこの「感染経路を断つ」という発想で行います。

傾向と対策

1 マスクを付けてくるように指導・連絡する

咳やくしゃみの際に病原体が飛び散る飛沫感染では，マスクによる予防効果が高いです。自分から他人にうつさない・他人からうつされないために，マスクの着用を学級通信等で連絡し家庭への協力を依頼します。準備していない場合に咳やくしゃみが出るときは，口を手で覆う「咳エチケット」を徹底します。

第3章　安心感と機能性を高める！　教室環境スキル10

2　服装・体温調節への意識を高める

　冬の室内と室外の気温差や運動などによって，汗をかいた後体を冷やして体調を崩すということがよくあります。「暑くなったら脱ぐ・寒くなったら着る」を容易にできるような服装を心がけるように指導します。高学年になるとおしゃれにも興味が出て，薄着でいたがる子もいますが，健康第一ということと，「重ね着によるおしゃれ」という楽しみ方もあることを伝えるようにします。発達的な課題をもつ子どもの中には，気温に合わせた服装が苦手という子もいます。普段から服装をよく観察しましょう。また，汗を拭きとるタオルを持たせてもよいです。ただし清潔さを保つことを忘れないようにします。

3　給食班・グループ学習を極力避ける

　飛沫感染で気をつけなければいけない範囲は１～２ｍとされています。班で給食を食べるときやグループ学習中は，子どもたち同士の距離が近づきますので感染しやすくなります。仕方のないときはありますが，風邪の流行の兆しが見えたらこうした座席配置を避けることも有効です。

4　乾燥対策の裏ワザ

　インフルエンザのウイルスは，低温と乾燥した環境を好みます。朝のうちに雑巾を絞って教室にかけておき，多少なりとも乾燥を防ぐという裏ワザもあります。気休め程度ですが，暖房機周辺に雑巾をかけると，意外に湿度を保つことができます。

（藤原　友和）

第3章●安心感と機能性を高める！ 教室環境スキル10
風邪流行対策

　教室でできる風邪流行対策は何を措いても「手洗い・うがい」です。手洗いは石鹸を用いて，指の間や手首，爪の間まで洗います。うがいは手洗いの後にします。口をすすいだ後にするのが正しい方法です。また，窓を開けて教室の喚気をするのも有効です。どの方法も，子どもたち一人ひとりの意識を高めることが鍵になります。

傾向と対策

　手洗い・うがいはなかなか身につきません。ついついおざなりになってしまいます。それを避けるためには「意識化」と「時間の確保」が大切です。

1 「手洗い・うがい」時間を確保する

　手洗い・うがいのタイミングとはいつでしょうか。トイレや図工や書写などの手が汚れやすい授業の後や，給食準備前を別にすると，「登校時」「中休み後」「掃除後」「昼休み後」が考えられます。朝は登校した後，始業準備の中で時間をとることができます。中休み・昼休み終了の５分前には，「手洗い・うがいタイム」として特別に設定するとよいでしょう。掃除の後は，「手洗い・うがいが終わった人から昼休みにしてよい」などと，子どもの動線の中に，必ず手洗い・うがいが含まれるようにします。

第3章 安心感と機能性を高める！ 教室環境スキル10

風邪流行対策／ソフト編

2 掲示物でやり方・効能を「見える化」する

ポスターづくりが好きな子にやり方や効能など必要な資料を渡して，「こういうポスターつくってよ」と依頼すると，喜んできれいなポスターを仕上げてくれます。

また，このポスターに一人ひとりの「手洗い宣言」などを書き込むスペースをつくると当事者意識を高めることができます。

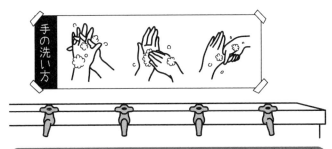

3 教室換気をルーティンにする

3時間目と5時間目の前には，「中休み」「昼休み」という20分ほどの休み時間が設定されています。それぞれ最初の5分間を教室換気の時間と決めて，子どもの当番活動に取り入れます。「すべての窓を全開する」を原則としながら，教室のつくりやその日の天候によって適宜判断します。

子どもだけで判断が難しいときには担任が調節します。要は「必ず窓を開けることになっている時間」をつくり，それを守ることが大切です。

(藤原　友和)

あとがき

ある子が卒業アルバムにこんなことを書いていました。

> 「宿題として毎日家庭学習を出さなければならなかった。最初は面倒だったけれど,やっているうちに,癖になって,学習する習慣ができた。そのおかげで,今では好きな教科もできた。感謝していることの一つだ」

家庭学習は,子どもたち自身が「やりたい」「やるべきだ」と思って,取り組むことが理想です。

そのために,教師がやるべきことは,家庭学習の取組を紹介し,「自分もやってみたいな」と思うようにしていくことだと考えています。

子どもたちが家庭学習をやってみたいと思う環境をつくることが基本的には大事であり,それが本質だとも思っています。

しかし,この子のようなプロセスで,自分の可能性を見つける子がいることも事実です。

本書は,ここに目を向けて作られています。

一つの指導場面における必要なスキルを「ハード編／ソフト編」に分けて整理しています。今回の例で言えば,習慣づけようとするスキルが「ハード編」。やってみようと思う環境づくりスキルが「ソフト編」です。

教室の中の多様性に応えることが求められる時代になっています。この両面のスキルを知ることで,目の前にいる子どもたちに寄り添ったかかわりが見えてくるはずです。

あとがき

　また，高学年の特徴として，教師主導のかかわりに対して抵抗感を示す場合があります。そのような時にも，両面のスキルを知ることで，バランスの取れたかかわりができるはずです。

　もう一つ本書が目を向けたことは，学級経営上の「すきま」と言えるような場面も抽出して，スキルを整理することです。類書ではあまり取り上げないような「プリント配布」「黒板の消し方」「教室に置く文房具」なども，「ハード編／ソフト編」に分けて，スキルを整理しました。

　「すきま」という表現をしていますが，教室の事実は，「すきま」と言われるような場面の事実も含めた，小さな事実が積み重なってできているのです。

　今回，堀裕嗣先生から本書を編集する機会をいただきました。様々な場面でいつも声をかけていただき，貴重な経験をさせてもらっています。感謝です。

　そして，本書は，北海道の大切な仲間とまとめることができました。原稿を一緒に検討していく中で，お一人お一人の教室が見えてきて，貴重な経験でした。感謝です。

　また，本書を発刊するにあたって，明治図書の及川誠さんに大変お世話になりました。ありがとうございました。

　これからの教室のために，皆さんが目の前にしている子どもたちのために，本書が役に立つことを心から信じ，願っています。

　　　　　2017年2月8日　私の大切な教室にて　　　大野　睦仁

【執筆者一覧】

堀	裕嗣	北海道札幌市立幌東中学校
大野	睦仁	北海道札幌市立三里塚小学校
中原	茜	北海道二海郡八雲町立東野小学校
宇野	弘恵	北海道旭川市立啓明小学校
鹿野	哲子	北海道長沼町立南長沼小学校
木下	尊徳	北海道音更町立音更小学校
藤原	友和	北海道函館市立万年橋小学校
鈴木	綾	北海道函館市立神山小学校
山口	淳一	北海道札幌市立石山南小学校
髙橋	裕章	北海道札幌市立簾舞小学校
近藤	真司	北海道恵庭市立恵み野旭小学校
斎藤	佳太	北海道苫小牧市立美園小学校
高橋	正一	北海道利尻町立沓形小学校
西村	弦	北海道音更町立下音更小学校
横田	陽子	北海道幕別町立白人小学校
三浦	将大	北海道函館市立高盛小学校
新川	宏子	北海道鹿追町立笹川小学校

【編著者紹介】

堀　　裕嗣（ほり　ひろつぐ）
1966年北海道湧別町生。北海道教育大学札幌校・岩見沢校修士課程国語教育専修修了。1991年札幌市中学校教員として採用。1992年「研究集団ことのは」設立。『スペシャリスト直伝！教師力アップ成功の極意』『【資料増補版】必ず成功する「学級開き」魔法の90日間システム』（以上，明治図書）など著書・編著多数。

大野　睦仁（おおの　むつひと）
1966年北海道札幌市生まれ。北海道教育大学岩見沢校卒業。「死」も扱う「いのちの授業」や，学習者主体の教室づくりを模索中。2004年より「教師力BRUSH-UPセミナー」事務局。『「結びつき」の強いクラスをつくる50のアイデア』（ナツメ社）『THE 保護者対応〜小学校編〜』『THE 学級経営』『クラスを育てるいいお話』（以上，明治図書）など著書・編著・共著多数。

イラスト：木村　美穂

小学校高学年　学級経営すきまスキル70

2017年9月初版第1刷刊	©編著者	堀　　　裕　　嗣
		大　野　睦　仁
発行者		藤　原　光　政
発行所		明治図書出版株式会社

http://www.meijitosho.co.jp
（企画）及川　誠（校正）姉川直保子
〒114-0023　東京都北区滝野川7-46-1
振替00160-5-151318　電話03(5907)6704
ご注文窓口　電話03(5907)6668

＊検印省略　　組版所　株式会社アイデスク

本書の無断コピーは，著作権・出版権にふれます。ご注意ください。

Printed in Japan　　ISBN978-4-18-275318-3
もれなくクーポンがもらえる！読者アンケートはこちらから→

子どもを軸にした カリキュラム・マネジメント
教科をつなぐ『学び合い』アクティブ・ラーニング
西川 純 編著

各教科の授業づくりで実現するカリキュラム・マネジメント

「教科の枠組みを越えた力」はどうつける？カリキュラム・マネジメントで目指す力は、教科をつなぐ『学び合い』アクティブ・ラーニングで実現出来る！教科を横断した力をつける各教科の授業づくりについて、子どもを軸にしたカリキュラム・マネジメントの視点から解説。

A 5 判　168 頁
本体 1,860 円+税
図書番号 2719

平成28年版 中央教育審議会答申 全文と読み解き解説
大杉昭英 解説

全文&全資料収録！答申のポイント&キーワードを徹底解説

平成28年版「中央教育審議会答申」全文&全資料に加え、読み解くポイントを、国立教育政策研究所・初等中等教育部長の大杉昭英先生が徹底解説。「カリキュラム・マネジメント」「主体的・対話的で深い学び」「見方・考え方」など、キーワード解説も入れた必携の1冊。

B 5 判　456 頁
本体 2,500 円+税
図書番号 1366

スペシャリスト直伝！
中学校 国語科授業 成功の極意
池田 修 著

国語科を実技教科に！アクティブな授業づくりのポイント

「国語科を実技教科に！」アクティブな国語科授業づくりのノウハウを授業実践とともに豊富に紹介。授業づくりの基礎基本から、生徒を熱中させる教材づくりのポイントや仕掛け、「ディベート」「作文」「物語の読解」「スピーチ」等の授業モデルまでをわかりやすく解説。

A 5 判　168 頁
本体 2,000 円+税
図書番号 1342

THE教師力ハンドブック
自治的集団づくり入門
松下 崇 著

子どもに力をつけるチャンスは常にある！実践ナビゲート

子どもたちに「自ら考え、行動する力」を。上手くいかないのは、知らないうちに「教師の意のままに動く」ことを良しとしているからなのかもしれません。自治的集団づくりでは、教師は子どもたちの何を見取り、評価するのか？すぐに使える実践例と指導のポイントが満載！

四六判　144 頁
本体 1,600 円+税
図書番号 1447

明治図書　携帯・スマートフォンからは **明治図書ONLINE** へ　書籍の検索、注文ができます。　▶▶▶

http://www.meijitosho.co.jp　＊併記4桁の図書番号（英数字）でHP、携帯での検索・注文が簡単に行えます。

〒114-0023　東京都北区滝野川7-46-1　ご注文窓口　TEL 03-5907-6668　FAX 050-3156-2790

学級を最高のチームにする!
365日の集団づくり 小学・中学・高校

学級づくりの必読書

赤坂真二 編著
【図書番号・2501〜2506,2740〜2743】
A5判 144〜176頁
本体価格1,600円〜1,760円＋税

★発達段階に応じた学級づくりの秘訣を,具体的な活動で紹介。
★「学級づくりチェックリスト」で学級の状態をチェック!
★学級づくりで陥りがちな落とし穴と克服の方法も網羅。

365日で学級を最高のチームにする!目指す学級を実現する月ごとの学級づくりの極意。スタートを3月とし,まず学級づくりのゴールイメージを示して,それを実現するための2か月ごとに分けた5期の取り組みをまとめました。1年間の学級経営をサポートする,必携の1冊です。

授業をアクティブにする!
365日の工夫 1年から6年

授業づくりの必読書

赤坂真二 編著
【図書番号・2721〜2726】
A5判 136〜176頁
本体価格1,660円〜1,800円＋税

★主体的・対話的で深い学びを実践ナビゲート!いつでも始められる学期ごとの授業モデル。
★教師と子どもの会話形式で,「授業の流れ」がライブでわかる。
★「授業をアクティブにするチェックポイント」で,要点がまるわかり。

小学校の各学年で実現する「アクティブな授業づくり」を,1学期ごと,各教科別の豊富な授業モデルで収録。教師と子どもの会話形式で「授業の流れ」がライブでわかり,「授業をアクティブにするチェックポイント」で要点チェック。主体的・対話的で深い学びを実践ナビゲート!

明治図書　携帯・スマートフォンからは **明治図書 ONLINE** へ　書籍の検索,注文ができます。▶▶▶

http://www.meijitosho.co.jp ＊併記4桁の図書番号（英数字）でHP,携帯での検索・注文が簡単に行えます。

〒114-0023　東京都北区滝野川7-46-1　ご注文窓口　TEL 03-5907-6668　FAX 050-3156-2790

学級を最高のチームにする極意

クラスがまとまる！協働力を高める活動づくり

小学校編 **中学校編** 赤坂 真二 編著

対話と協働で力をつける！アクティブな活動づくりの秘訣

「よい授業」をしている先生は、「よい学級」を作っています。魅力的な学びある授業の土台には、「対話と協働」が自然に出来るクラスづくりが不可欠。子どもが変わる！クラスが変わる！アクティブな活動づくりの秘訣を、豊富な実践モデルで紹介しました。

小学校編
A5判 144頁 本体1,660円+税
図書番号 2554

中学校編
A5判 152頁 本体1,700円+税
図書番号 2555

学級を最高のチームにする極意

教室がアクティブになる学級システム

赤坂 真二 編著

子どもが見違えるように変わる！学級システムづくりの極意

「機能するクラス」には、子ども達が自ら動き、円滑な生活を送れるシステムがある！日直や給食、清掃などの当番活動、係活動・行事活動など普段の活動にも認め合うことや交流を促すためのシステムを加えることで学級は劇的に変わります。アクティブな学級づくりの秘訣。

A5判 184頁
本体価格 1,860円+税
図書番号 2588

学級を最高のチームにする極意

保護者を味方にする教師の心得

赤坂 真二 編著

保護者とのよい関係づくりが学級と子どもを育てる！

子どもや保護者との関係だけでなく、同僚や上司との関係に悩む先生方が増えてきました。そのような先生方へのアドバイスを①同僚とうまくやるコツ②合わない人とうまくやるコツ③初任者のためのサバイバルテクニックの視点から、具体的な実践事例をもとにまとめました。

A5判 144頁
本体価格 1,660円+税
図書番号 1537

学級を最高のチームにする極意

職員室の関係づくりサバイバル うまくやるコツ20選

赤坂 真二 編著

職員室の人間関係20箇条!味方を増やす関係づくりの秘訣

子どもや保護者との関係だけでなく、同僚や上司との関係に悩む先生方が増えてきました。そのような先生方へのアドバイスを①同僚とうまくやるコツ②合わない人とうまくやるコツ③初任者のためのサバイバルテクニックの視点から、具体的な実践事例をもとにまとめました。

A5判 192頁
本体価格 1,860円+税
図書番号 1527

明治図書 携帯・スマートフォンからは **明治図書ONLINE** へ 書籍の検索、注文ができます。▶▶▶

http://www.meijitosho.co.jp ※併記4桁の図書番号（英数字）でHP、携帯での検索・注文が簡単に行えます。

〒114-0023 東京都北区滝野川7-46-1 ご注文窓口 TEL 03-5907-6668 FAX 050-3156-2790

全文掲載&各教科のキーマンのピンポイント解説!

平成29年版 学習指導要領
全文と改訂のピンポイント解説

資質・能力を核にした
大改訂の学習指導要領を
最速で徹底解説!

【小学校】
- 編 安彦忠彦
- 1800円+税
- 図書番号:2727
- A5判・288頁

【中学校】
- 編 大杉昭英
- 1800円+税
- 図書番号:2728
- A5判・272頁

〔知識及び技能〕〔思考力,判断力,表現力等〕〔学びに向かう力,人間性等〕の3つの柱で再整理された大改訂の新学習指導要領について,各教科・領域のキーマンが徹底解説!全文掲載&各教科のピンポイント解説で,新しい学習指導要領がまるわかりの1冊です。

平成29年版 学習指導要領改訂のポイント

▶ 『国語教育』PLUS
小学校・中学校 国語
- 2717
- B5判・1800円+税

▶ 『社会科教育』PLUS
小学校・中学校 社会
- 2716
- B5判・1860円+税

▶ 『授業力&学級経営力』PLUS
小学校 算数
- 2713
- B5判・1900円+税

▶ 『数学教育』PLUS
中学校 数学
- 2712
- B5判・1800円+税

▶ 『道徳教育』PLUS
小学校・中学校 特別の教科 道徳
- 2720
- B5判・1860円+税

▶ 『楽しい体育の授業』PLUS
小学校・中学校 体育・保健体育
- 2715
- B5判・1860円+税

▶ 『LD, ADHD&ASD』PLUS
通常の学級の特別支援教育
- 2714
- B5判・1960円+税

▶ 『特別支援教育の実践情報』PLUS
特別支援学校
- 2707
- B5判・2460円+税

大改訂の
学習指導要領を
最速で徹底解説!

明治図書 携帯・スマートフォンからは **明治図書ONLINEへ** 書籍の検索,注文ができます。 ▶▶▶

http://www.meijitosho.co.jp *併記4桁の図書番号(英数字)でHP,携帯での検索・注文が簡単に行えます。

〒114-0023 東京都北区滝野川7-46-1 ご注文窓口 TEL 03-5907-6668 FAX 050-3156-2790

今すぐ出来る! 全校『学び合い』で実現する カリキュラム・マネジメント

西川 純 著

子どもが変わる!
学年・教科の壁を越える
全校『学び合い』

子ども・教師がこんなに変わる!学年・教科の壁を越えた全校『学び合い』で実現するカリキュラム・マネジメント。全校『学び合い』の理論から実現のための4条件、スムーズな導入ステップから子ども集団づくりまで。取り組みのポイントを実践例をまじえてまとめました。

A5判 168頁
本体 1,900円+税
図書番号 1283

スペシャリスト直伝! 主体性とやる気を引き出す 学級づくりの極意

赤坂真二 著

指導力を高めたい
すべての方へ!
学級づくり成功の秘訣

「主体性」と「やる気」を引き出すために、日常的に取り組むべきこととは?おさえておきたい学級づくりの基盤となる2つの要素と育成の3段階。学級づくりの基礎・基本から教師のリーダーシップ改革、学級機能アップチェックポイントまで。指導力UPに必携の1冊です。

A5判 152頁
本体 1,760円+税
図書番号 1328

「感動のドラマ」を生む 学級づくりの原則

岸本勝義 著

子どもの可能性を
引き出す!ドラマを生む
学級づくりの極意

「感動のドラマ」はどの学級にでも起こせる!「人とつながる素晴らしさ」「自分の力を他に生かす喜び」「協働」の経験は、卒業後も子供達の力となります。実際に起こったドラマの実例と、裏側にある教師の工夫を豊富に入れてまとめた「ドラマ」を生む学級づくりの秘訣。

A5判 136頁
本体 1,600円+税
図書番号 1295

資料増補版 必ず成功する「学級開き」 魔法の 90日間システム

堀 裕嗣 著

学級経営の縦糸と
横糸を結ぶ!勝負が決まる
学級開き90日

学級経営の成否が決まる、学級開きからの大切な90日間。「3・7・30・90の法則」で学級経営が必ず成功する"魔法の90日間システム"を、具体的な実践事例をもとに解説しました。2012年発刊の書籍に理論と実物資料を加えて内容に厚みを増した増補版です。

A5判 168頁
本体 1,700円+税
図書番号 1556

明治図書 携帯・スマートフォンからは **明治図書ONLINE へ** 書籍の検索、注文ができます。 ▶▶▶

http://www.meijitosho.co.jp ＊併記4桁の図書番号（英数字）でHP、携帯での検索・注文が簡単に行えます。

〒114-0023 東京都北区滝野川7-46-1 ご注文窓口 TEL 03-5907-6668 FAX 050-3156-2790